W0233448

»Kinder sind Kinder« – Band 22

Sylvia Görnert-Stuckmann

Mit Kindern
Geschichten erfinden

Mit 8 Kinderzeichnungen

Ernst Reinhardt Verlag München Basel

Sylvia Görnert-Stuckmann, Dipl. Soz.-Päd., Jg. 1959, eine Tochter. Nach einer Ausbildung zur Bankkauffrau Studium der Sozialpädagogik in Köln. Zusatzausbildung in klientenzentrierter Gesprächsführung. Derzeit im Krankensozialdienst und als Dozentin an der Krankenpflegeschule (Psychologie, Soziologie, Pädagogik und Rehabilitation) tätig.

Hinweis: Die Wiedergabe von Gebrauchsnamen, Handelsnamen, Warenbezeichnungen usw. in diesem Werk berechtigt auch ohne besondere Kennzeichnungen nicht zu der Annahme, dass solche Namen im Sinne der Warenzeichen- und Markenschutz-Gesetzgebung als frei zu betrachten wären und daher von jedermann benutzt werden dürften.

Bibliografische Information der Deutschen Bibliothek

Die Deutsche Bibliothek verzeichnet diese Publikation in der Deutschen Nationalbibliografie; detaillierte bibliografische Daten sind im Internet über <http://dnb.ddb.de> abrufbar.
     ISBN 3-497-01644-6
     ISSN 0720-8707

Printed in Germany
Reihenkonzeption: Oliver Linke, Augsburg

Ernst Reinhardt Verlag, Postfach 38 02 80, D-80615 München
Net: www.reinhardt-verlag.de   Mail: info@reinhardt-verlag.de

Inhalt

Einleitung

Als Mitglied einer kinderreichen Familie ergab sich für mich ganz selbstverständlich die Notwendigkeit, kreativ zu werden. Das Geld war knapp, gekauftes Spielzeug daher Mangelware, und so waren wir Kinder darauf angewiesen, uns selbst etwas einfallen zu lassen. Mit größter Geduld ertrug und förderte unsere Mutter die daraus entstandenen Produkte: Selbst gestaltete Bücher wurden vorgelesen, Theater- und Zirkusvorführungen beklatscht, Puppentheater aus eigens gebauten Kasperle- oder Marionettenfiguren bewundert. Bücher kosteten viel Geld, und so waren wir Kinder regelmäßiger Gast in der Bücherei. Als auch dieser Pool ausgeschöpft war, machten wir uns eigene. Ein schier unerschöpflicher Vorrat an Utensilien unterstützte uns dabei, täglich neue Spiele und Geschichten zu erfinden.

Manches ist bis heute gleich geblieben, manches hat sich verändert. Kinderreiche Familien sind selten geworden, und die finanzielle Situation der Durchschnittsfamilie hat sich verbessert. Erkenntnisse aus Pädagogik und Psychologie haben in den familiären Alltag Einzug gehalten und es ermöglicht, dass schon im Kleinkindalter eingehend Förderung betrieben werden kann. Doch bei all diesen pädagogischen Angeboten geht oftmals der Kontakt verloren zu dem, was uns besonders macht: der Kontakt zur eigenen schöpferischen Phantasie. Nicht wenige Eltern haben aus lauter Hochachtung vor Fachkompetenz den Glauben an die eigenen Fähigkeiten verloren. Oft halten sie Kindergärten und Vereine für geeigneter als sich selbst. Ihre Bemühungen, die Kinder in möglichst vielen Bereichen von Fachleuten fördern zu lassen, führen nicht selten dazu, dass der Alltag vieler Kinder durch Termine verplant und bis ins Kleinste geregelt ist und sich so die Möglichkeit, eigene Ideen zu entwickeln, auf ein Minimum reduziert. Auch die Verfügbarkeit von Fernseher und Computer verleitet, bei aller pädagogischer Qualität, zum Konsum der Ideen Anderer, anstatt neue, eigene zu entwickeln.

Die Großelterngeneration, die noch eine Zeit vor dem heutigen Wohlstand und oft auch die Not des Krieges miterlebt hat, kann ein Vorbild sein, wenn wir uns auf die eigenen Fähigkeiten besinnen. Denn Kinder sind in vergleichbarer Weise auf Erfindungsgeist angewiesen, wenn sie ihre Ideen umsetzen wollen und nur wenige Mittel zur Verfügung haben.

Von der Bedeutung des Geschichtenerzählens

Seit je her verzaubern Geschichten die Menschen aller Generationen und Völker. Wer erinnert sich nicht voller Wärme an die vielen Stunden, in denen Eltern, Großeltern und andere nahestehende Personen uns in den Schlaf sangen oder mit Hilfe unendlich vieler Gute-Nacht-Geschichten langsam ins Reich der Träume hinübergleiten ließen. Wer weiß nichts mehr von den Stunden voller Lebenslust, in denen wir gemeinsam mit Rotkäppchen und Sindbad oder später mit Karl May und Winnetou auf die Reise gingen. Mit feuerroten Ohren saßen wir da, lasen und spielten uns in eine Welt, in der unsere Entscheidungen noch Berge versetzten und unser Mut nicht von Erwachsenen gebremst wurden. Wie oft hatten unsere Helden Aufgaben zu bewältigen, wie sie sich uns selbst schon gestellt hatten. Und wie schwer fiel es immer wieder, den Weg zurück zu anderen Aufgaben des Tages zu finden, wenn die Eltern „Aufräumen!" oder „Mittagessen!" riefen.

Pädagogen, Psychologen und Therapeuten sind sich einig, dass Märchen und Geschichten für die gesunde Entwicklung des jungen Menschen, aber auch zur Lösung von Konflikten und sogar zur Heilung vielfältiger seelischer Störungen und Fehlentwicklungen wichtig sind. Um aber diese stärkenden und heilenden Kräfte entfalten zu können, um Kreativität und Phantasie wirklich anzuregen, bedarf es zusätzlich eines guten Anleiters.

Fernsehen und Computer haben in unserer Welt all zu häufig die Rolle des Erzählers übernommen. Zwar können Filme und Computerspiele den Stoff für Geschichten liefern, doch ist es mit diesen Medien nicht möglich, die Handlung auf die individuellen Bedürfnisse der Kinder zuzuschneiden. Es fehlt der Austausch mit dem Gegenüber, dem Menschen. Damit wird eine weitere wichtige Bedeutung des Geschichtenerzählens deutlich: Die Festigung der Beziehung zwischen Erzähler und Zuhörer, zwischen Pädagoge und Schüler, zwischen Eltern und Kind.

Woher aber soll heutzutage die Gelegenheit kommen, alte oder neue Geschichten zu erzählen? In einer Zeit, in der häufig beide Elternteile berufstätig sind oder die Kinder täglich vor dem Fernseher hocken, ist es nicht einfach, sich zu gemeinsamen Aktivitäten zusammenzusetzen. Früh zur Gewohnheit geworden, kann gemeinsames Erzählen und Erfinden von Geschichten aber zu einem festen Baustein der innerfamiliären Beziehung werden. Nicht nur, weil wir in dieser Zeit etwas gemeinsam tun – vielmehr geben uns die von den Kindern angeregten Handlungselemente Aufschluss über das, was sie gerade beschäftigt und damit Mittel und Wege, um darauf Einfluss zu nehmen. Das geschieht nicht in einer Therapie oder einem besonderen pädagogischen Rahmen wie dem Kindergarten, sondern in jeder Familie, bei Freunden und am Kindergeburtstag.

An wen richtet sich dieses Buch?

Kurz gesagt: An jeden, der in seinem Alltag mit Kindern Platz für das gemeinsame Ausgestalten von Phantasie hat und nach Ideen sucht und nach Wegen, wie diese sich umsetzen lassen. Diesem Bedürfnis möchte das vorliegende Buch nachkommen und aufzeigen, wie man gemeinsam mit Kindern in den schöpferischen Prozess des Geschichtenerfindens einsteigen kann. Situationen aus dem Alltag mit Kindern zwischen 4 und 8 Jahren werden zeigen, wie vielfältig die Möglichkeiten sind, Kinder spielerisch zu fördern. Egal, ob Sie nun als interessierte Eltern, Großeltern, Verwandte und „Babysitter", oder als ErzieherIn, GruppenleiterIn oder LehrerIn vor der Frage stehen, wie Sie mit Hilfe von Geschichten die schöpferische Intelligenz der Kinder nutzen und fördern können. Im Blickpunkt steht dabei das ganz normale Kind mit seinen Entwicklungsprozessen in unserem Kulturkreis.

Fachleute der verschiedensten Richtungen weisen Geschichten und Märchen neben fördernden auch heilende Wirkung zu; im Anhang wird deshalb auf Literatur verwiesen, die sich speziell diesem Themenbereich widmet.

Was Sie in diesem Buch erwartet

Im ersten Kapitel wird der Frage nachgegangen, welche Bedeutung Sprache, Spiel und Kreativität für die Entwicklung des Kindes haben. Darauf aufbauend soll gezeigt werden, wieso gerade das Geschichtenerfinden mit Kindern besonders geeignet ist, um diesen Prozess zu fördern.

Kapitel zwei bringt konkrete Anleitungen, die leicht nachzuahmen sind und sich nach dem Alter der Kinder und dem Übungsstand des Erzählers richten. Anhand eines Beispieles wird der Werdegang von der ersten Idee bis zur fertigen Geschichte gezeigt. Anschließend werden mehrere Methoden vorgestellt, wie man gemeinsam mit Kindern ein Thema bearbeiten kann. Viele Beispiele sowie die Beschreibung von Alltagssituationen, aus denen heraus sich eine Geschichte entwickeln kann, runden das Bild ab und sollen Mut machen, dieses neue Land selbst zu erforschen. Und wenn Ihnen zwischendurch einmal die Puste ausgeht und Ihnen einfach keine neue Geschichte einfallen will, dann eignen sich die Erzählungen durchaus auch dazu, vorgelesen zu werden.

Im dritten Kapitel wird auf eine Reihe von Fragen geantwortet, die sich Ihnen vielleicht während des Lesens gestellt haben. Eine Übersicht soll bei der Entscheidung helfen, in welchem Alter sich welcher Einstieg ins gemeinsame Geschichtenerzählen am besten eignet. Auch zur „Ersten Hilfe", wenn das gemeinsame Geschichtenerfinden nicht so recht gelingen will, stehen Tipps und Anregungen bereit.

Wer beim Lesen der Geschichten das eine oder andere Mal denkt: „Das könnte ich nie!" – Nur Mut, es ist noch kein Meister vom Himmel gefallen. Auch berühmte Märchenerzähler haben einmal klein angefangen. Und sie werden sehen: Je öfter Sie sich auf die Herausforderung „Geschichte" einlassen, um so farbenfroher und phantasievoller werden Ihre Kreationen. Und wenn Sie sich dann noch an den Schreibtisch setzen und die Geschichten aufschreiben ...

Übrigens: Sie brauchen das alles nicht allein zu bewältigen. Ihre Kinder werden Ihnen begeistert dabei helfen! All die in diesem Buch vorgestellten Geschichten haben sich in ganz alltäglichen Situationen entwickelt und wurden von mir protokolliert. Es geht also, nur Mut!

1 Gemeinsam Geschichten erfinden – Welche Bedeutung hat das für die Entwicklung meines Kindes?

Ziel einer gemeinsamen Tätigkeit wie dem Geschichtenerfinden ist die Förderung der kindlichen Sprache, Phantasie und Kreativität. Darüber hinaus hilft die Auseinandersetzung mit dem Inhalt den Kindern, ihre Erlebnisse wahrzunehmen, auszudrücken und somit besser zu verarbeiten. Bewusster und kreativer Umgang mit Erfahrungen und Konflikten ist eine wichtige Voraussetzung, um den Anforderungen im Leben gewachsen zu sein.

Was ist „kreative Intelligenz"?

Wir alle möchten unseren Kindern den Weg ebnen, damit ihre Zukunft von Glück, Erfolg und Selbstvertrauen geprägt ist. Eine von vielen Voraussetzungen dafür ist Intelligenz. Sie stellt die Weichen für das, was unsere Kinder als Erwachsene leisten und welchen Beruf sie wählen können.

Was aber ist Intelligenz überhaupt? Welche Bedeutung für ihre Entwicklung hat Kreativität dabei und wie entwickelt man sie?

Intelligenz bezeichnet allgemein die Fähigkeit, aus Erfahrungen zu lernen und sich an die Erfordernisse der Umgebung anzupassen.

Wir wissen heute, dass jeder Mensch schon bei der Geburt ein enormes Vermögen an Gehirnzellen besitzt, welche im Laufe des Lebens noch weiter vernetzt werden. Wie gut das gelingt, hängt auch davon ab, wie vielfältig die Reize sind, auf die der Säugling reagieren muss.

Untersuchungen haben gezeigt, dass intensiver Kontakt, besonders frühes und häufiges Sprechen, sich deutlich positiv auf verschiedene Prozesse im Gehirn auswirkt. Das Baby reagiert auf das Gehörte und versucht es nachzuahmen. Dabei ist sinnvoll, stets ein wenig über das Sprachniveau des Kindes hinauszugehen. Spricht es etwa in Ein-Wort-Sätzen, so kann man selbst in kurzen Sätzen reden, um zur Nachahmung herauszufordern.

Intelligenztests messen meist nur die Fähigkeit, in vorgegebenen Formen zu denken und zu handeln. Die kreative Intelligenz, also das, was uns hilft, mit den Problemen im Alltag umzugehen und die täglichen Aufgaben zu bewältigen, bleibt von solchen Ergebnissen relativ unberührt. Diese Fähigkeiten zu fördern ist dabei Aufgabe der Erziehung.

Unser Großhirn besteht aus zwei Hirnhälften, die durch ein Nervenbündel miteinander verbunden sind. Jede dieser beiden Hirnhälften hat unterschiedliche Aufgaben und ist verantwortlich für verschiedene Fähigkeiten. So werden zum Beispiel über die linke Gehirnhälfte unsere sprachlichen und logischen Fähigkeiten gesteuert. Die rechte Gehirnhälfte verfügt über ganz andere Stärken: Nichtsprachliche Informationen werden hier erkannt und verarbeitet. Auch Gesang, Musik, Phantasie und das, was wir Intuition nennen, befinden sich dort.

Wir benötigen die Fähigkeiten beider Hirnhälften, um die schöpferische Phantasie in sinnvolle und konstruktive Bahnen lenken zu können. Aus diesem Grund muss das Zusammenspiel beider Hirnhälften trainiert werden, wenn wir die Begabungen unserer Kinder optimal fördern wollen.

Wenn Sie gemeinsam mit Ihrem Kind Geschichten erfinden, regen Sie genau diese Prozesse an: Einerseits fordern Sie mit Ihren Fragen und Aufgaben die kindliche Phantasie heraus (rechte Gehirnhälfte), andererseits das Beachten und Einhalten von Regeln und klaren Strukturen (linke Gehirnhälfte). Mit logischer Genauigkeit zerlegen Sie eine Handlung in ihre Einzelteile, während durch den Schwung der Phantasie diese Teile in unerwartet anderer Reihenfolge zusammensetzt und mit neuen Inhalten bereichert werden können. Doch dürfen wir der Handlung keinen unlogischen Ablauf geben, sonst entstellen wir den Sinn. Fehlen der Handlung Überraschungen, wird sie langweilig. Also erst, wenn beide Qualitäten gleichermaßen berücksichtigt sind, bekommt die Geschichte Glanz und Leben.

Haben kreative Kinder bessere Chancen?

In Schule und Beruf verlangen der ständige technische Fortschritt und die immer neuen Möglichkeiten zur Kommunikation, mit kreativem Denken nach Lösungen zu suchen.

Daneben ist Erfolg in der heutigen Berufswelt noch von anderen Faktoren als der messbaren Intelligenz abhängig. Teamfähigkeit, die richtige Motivation sowie die Fähigkeit, sich weder in ein Problem zu verbeißen noch zu lange bei ihm zu verharren, sind mindestens genauso wichtig. All das aber setzt voraus, dass wir unsere logischen und kreativen Fähigkeiten nutzen und in der Lage sind, sie je nach Situation richtig anzuwenden.

Kreative Intelligenz ist letztlich die Kraft, die erfindet, entdeckt und gestaltet. Nur wer bereit ist, „nach den Sternen zu greifen", wird der Vielfalt an Informationen und Entscheidungen in unserer heutigen Gesellschaft gewachsen sein. Eine gute Interaktion zwischen den beiden Gehirnhälften, zwischen den Prinzipien der Logik und der Intuition, erweitert das zur Verfügung stehende Wahrnehmungs- und Verhaltensspektrum des Kindes für den Rest seines Lebens.

Was ist Sprache?

Sprache ist eines der besten Mittel, um miteinander in Beziehung zu treten. Mit ihrer Hilfe können wir Wissen, Vorstellungen, Emotionen, Anweisungen oder irgend etwas anderes mitteilen. Je differenzierter sie ist, um so mehr Facetten von Persönlichkeit können wir entwickeln und erkennen.

Dabei beschränkt sich Sprache nicht auf das gesprochene Wort. Es gibt eine Vielzahl von Möglichkeiten, wie wir uns mitteilen: wir schreiben, hören oder lesen, nutzen Gestik, Mimik, Tonfall und Stimmlage, gebrauchen Blindenschrift oder Gebärdensprache. Selbst wenn wir gar nichts sagen, kann das eine deutliche Botschaft sein. Beide, der Redner und der Zuhörer, müssen in der Lage sein, die verwendeten Signale zu verstehen und zu interpretieren. Das alles müssen wir lernen, wenn wir Sprache lernen.

Wenn wir Zusammenhänge verstehen oder etwas lernen wollen, wenn wir die Bedeutung von Gegenständen, Zahlen oder Gefühlen begreifen wollen – zumeist ist es die Sprache, die uns zur weiteren Entfaltung herausfordert. Je mehr sprachliche Fähigkeiten uns zur Verfügung stehen und je differenzierter wir uns und unsere Umwelt wahrnehmen, um so größer sind unsere Möglichkeiten, angemessen auf diese Umwelt zu reagieren.

Sprache zu lernen heißt, einen Code zu lernen, mit dem man etwas benennen und anderen verständlich machen kann. Die Sprachentwicklung findet vorwiegend im Vorschulalter statt und braucht ständige Anregung und

Förderung. Das geschieht im Umgang mit Ereignissen und Begriffen, sei es im Kindergarten, beim Logopäden oder zu Hause.

Was hat Sprache mit Phantasie zu tun?

Untersuchungen haben ergeben, dass Kinder, die sich intensiv mit Märchen und erfundenen Geschichten beschäftigt haben und so ihre Phantasie trainieren konnten, in ihrem späteren Leben über mehr Fähigkeiten zum kreativen Umgang mit Problemen verfügen. Allerdings ist es dabei wichtig, schon früh zwischen der „Märchenwelt" und der „realen Welt" unterscheiden zu lernen. Ab dem achten Lebensjahr gewinnen die Natur und ihre Gesetze, Wissenschaft und Logik mehr an Bedeutung. Doch erst in der Bereicherung durch die Phantasie können sie uns wirklich weiterbringen.

Wenn es uns gelingt, Kinder zu einem phantasievollen Umgang mit Sprache anzuleiten, erlangen sie fast von allein ein gutes Sprachvermögen. Wozu aber ist das wichtig?

Kinder mit sprachlicher Phantasie haben mehr Ideen, wie sie sich ausdrücken können, um verstanden zu werden: Gefühle werden umschrieben oder unbekannte Vokabeln durch Wortneuschöpfungen ersetzt. Wer sich verstanden fühlt, hat mehr Selbstbewusstsein und Selbstvertrauen. Besonders Träume, Wünsche, Gefühle und Ideen können erst mit Hilfe von Phantasie in Sprache umgesetzt werden. Konflikte werden leichter gelöst, wenn man sie benennen und kreativ überdenken kann.

Sprache und Phantasie bieten den Kindern die Möglichkeit, selbst Geschichten, Bilder und Spiele zu erfinden. Je größer ihr Spaß an der Sprache ist und je ausgeprägter ihr Einfallsreichtum, um so eher werden sie ihre freie Zeit für sich nutzen können. Nicht zuletzt gehört Sprachbeherrschung zu den Merkmalen der Schulreife.

Wie kann ich mein Kind fördern?

Wie im Kapitel über kreative Intelligenz bereits angesprochen, hat das frühe Sprachtraining Auswirkungen auf unsere gesamte spätere Entwicklung: Der häufige Kontakt des Säuglings mit Sprache, aber auch mit Musik, Rhythmus und Bewegung fördert das Reifen des Gehirns. Je früher und häufiger das Kind mit Sprache in Berührung kommt, um so eher kann es seine Umwelt verstehen und sich verständlich machen.

Schon früh kann man Kinder dazu animieren, selbst Worte für etwas zu finden und damit ihr aktives Sprachvermögen schulen. Das Spiel in der Familie und mit Gleichaltrigen trainiert wie nichts sonst ihr Sprachvermögen; in eingeschränktem Umfang sind auch Fernseher und Computer als Helfer einzustufen.

Die Förderung von Sprache ist nicht an Fachleute gebunden. Wir alle haben unseren Anteil daran, ob Kinder Lust am Sprechen entwickeln oder nicht. Wir selbst geben ihnen ein Vorbild: Die Art, wie wir mit ihnen reden, ihnen „Sprache" anbieten, formt ihr Sprachverhalten.

Sprache zu lernen setzt immer ein Umfeld voraus, in dem Kinder sich geborgen fühlen können. Sie brauchen die Gewissheit, offene Arme und Ohren zu finden für das, was sie uns mitteilen wollen, auch wenn es noch nicht perfekt ist. Egal, ob wir etwas vorlesen oder kommentieren lassen, ob Kinder von einem Erlebnis berichten oder einen Konflikt zu erklären versuchen – sie brauchen die Möglichkeit, von ihren Gefühlen, Ideen und Abenteuern zu berichten. Jedes Mal, wenn ein Kind sich wirklich mit

Sprache auseinandersetzt, hat es die Chance, sich ein Stück der Welt zu erobern und seinen Platz darin selbst zu bestimmen.

Den Wörtern Flügel geben

Wie wir gesehen haben, ist kreative Intelligenz einer der Schlüssel für die ganzheitliche Entwicklung unserer Kinder. Phantasie und Intuition, logisches Denken sowie die Anleitung zum lebendigen Umgang mit der Sprache sind ihre Grundlagen.

Dieses Buch befasst sich damit, wie wir durch das gemeinsame Erfinden und Gestalten von Geschichten die Phantasie und damit die kreative Intelligenz unserer Kinder anregen können. Beispiele sollen Möglichkeiten zeigen, wie sich das erreichen lässt. Warum nur immer Geschichten hören oder lesen? Warum gehen wir nicht einfach hin und erfinden unsere eigenen Geschichten, orientiert an aktuellen Themen und persönlichen Vorlieben? Gemeinsam mit Kindern Geschichten erfinden ist etwas, das wir selbst machen können und wofür wir keine Fachleute brauchen. Etwas, das spielerisch im Alltag seinen Platz finden kann.

Wenn Sie Geschichten erfinden, erzählen oder vorlesen, hört Ihr Kind nicht nur passiv zu, sondern entwickelt während dessen eine Vielzahl von Bildern und anderen sinnlichen Wahrnehmungen in seinem Kopf. Diese können so intensiv sein, dass es glaubt, das Pferd des Prinzen neben sich schnauben zu hören oder den Duft der gebratenen Äpfel zu riechen. Wörter wecken Sinne und Gefühle – diese aktive Imagination zu trainieren ist wichtig, bereichert sie doch unser Vorstellungsvermögen ein Leben lang.

Wenn Sie ein Kind an einer Stelle der Geschichte nach

seiner Meinung fragen, es Bezüge zu anderen Abschnitten herstellen lassen oder nach der möglichen Fortsetzung fragen, geben Sie ihm Gelegenheit, aktiv mit dem Stoff umzugehen. Es muss Worte finden, die Zustände und Zusammenhänge beschreiben, muss sich um den möglichen Fortgang der Handlung selbst kümmern. Das regt den Gebrauch von Worten an, sein Zuhören bleibt nicht passiv, sondern wird schöpferisch. Die auf solche Weise gewonnene Erfahrung mit Sprache führt dazu, dass man sich auch im Umgang mit Gleichaltrigen und Erwachsenen differenzierter ausdrücken kann und so Fehler und Missverständnisse vermeiden lernt. Wann immer wir Kinder an der Fortsetzung unserer Geschichte beteiligen, fordern wir von ihnen kreatives Denken, aufmerksames Zuhören, Konzentration und geistige Disziplin. All das sind Fähigkeiten, die sie immer brauchen werden und die früh geübt werden können.

Wörter helfen unseren Kindern, die Welt zu entdecken und besser zu verstehen. Umgekehrt lernen Kinder beim Entdecken der Welt, Bedeutungen der Wörter zu unterscheiden und in jeder Situation nach dem passenden Begriff zu suchen.

Warum Spielen so wichtig ist

Erfundene, erzählte oder vorgelesene Geschichten müssen keineswegs mit dem letzten Wort enden. Zum einen regen sie die Kinder an, darüber zu sprechen und Inhalte wieder und wieder zu bewegen. Zum anderen bieten sie fast unerschöpflichen Stoff für weitere Auseinandersetzung. Warum nicht den Prinzen und die Hexe *spielen*? Warum nicht erst die Rolle des Räubers *ausprobieren* und später die des Polizisten? Warum nicht die Fee mit den grünen Haaren *malen* oder das persönliches Traumschloss aus Pappe und Kronkorken *basteln*? Der gestalterischen Phantasie der Kinder sind so schnell keine Grenzen gesetzt. Geben Sie ihnen Materialien und die Möglichkeit, gemeinsam mit anderen Kindern eine Geschichte darzustellen.

Bei der Wahl des Materials kann darauf geachtet werden, dass den Kindern vielerlei Wahrnehmungen möglich sind. Formbare Naturmaterialien oder Spielgeräte, die erst noch zusammengefügt werden müssen, wecken Neugier sowie das sinnliche Erleben und regen zum Finden von verschiedenen Lösungen an. Fernsehen und Computer können auch gute Anregungen bieten, sofern der Umgang mit diesen Medien nicht unkontrolliert erfolgt und dem Alter bzw. dem Entwicklungsstand des Kindes angemessen ist. Daneben sind selbstverständlich Bücher und Hörspiele empfehlenswert, zumal wenn sich Kinder einmal ohne uns Erwachsene mit ihnen beschäftigen. Denn leicht können sie Dialoge selbst nachsprechen, erfinden oder als Szene darstellen, sowie auch ihr eigenes Büchlein gestalten. Somit wechseln Sie nach dem Hören und Lesen spielerisch in die Rolle des Schaffenden hinüber.

Geben wir den Worten Flügel und lassen wir unsere Kinder nach den Sternen greifen.

2 Wie kann ich gemeinsam mit Kindern Geschichten erfinden?

Das erste Kapitel dieses Buches hat gezeigt, wofür kreative Intelligenz wichtig ist und warum sie durch so alltägliche Vorgänge wie etwa dem Geschichtenerfinden gefördert werden kann. Jetzt sollen Wege und Methoden beschrieben werden, die mit Hilfe selbst erlebter Beispiele zeigen, wie Sie gemeinsam mit Ihren Kindern solche Geschichten erfinden können. Auch ohne eine pädagogische Ausbildung sind Ihnen dabei keine Grenzen gesetzt.

Die Geschichten sind danach gegeliedert, welche Methode sich in welchem Alter zum Einstieg besonders empfiehlt. Zu jeder Vorgehensweise wird eine kurze Einführung gegeben, danach folgen Beispiele. Sie stammen aus den verschiedensten Themenbereichen und werden eingeleitet durch Situationen, wie sie sich jederzeit und überall ereignen können.

Je nach Alter ändern sich die Ansprüche, die Kinder an eine „gute" Geschichte stellen. Vor allem für kleinere Kinder sind Wiederholungen sehr wichtig, das Wiedererkennen von Motiven und Handlungselementen gibt ihnen Sicherheit. So können sie sich besser in der Geschichte zurecht finden. Auch beim scheinbar passiven Zuhören sind Kinder sehr aktiv, denn sie versuchen sich das, was sie hören, bildlich vorzustellen. Wird die Geschichte darüber hinaus noch von einer erfahrenen Person erzählt, so dass Gestik und Mimik das gesprochene Wort bereichern, werden die Kinder auch nach außen hin höchst aktiv: Sie rufen dazwischen, fiebern mit dem

Helden mit und erleben seine Gefühle. Oft genug geben sie ihm gar Verhaltensvorschläge zur Lösung der Situation.

Wenn wir sie hin und wieder nach einzelnen Elementen befragen oder sie im Anschluss an die Geschichte etwas darüber erzählen lassen („Mit welchem Trick haben die Geißlein das denn geschafft?"), regen wir sie dazu an, das Erlebte in eigene Worte zu fassen, nach Erklärungen zu suchen und die Geschichte zu begreifen

Kinder im Alter von 3 oder 4 Jahren möchten ihr Lieblingsmärchen oder -buch wieder und wieder in genau derselben Form und Wortwahl präsentiert haben, bei etwas älteren Kindern ändert sich dieses Bedürfnis. Die Geschichten sollen vielschichtiger werden, es soll mehr handelnde Personen und differenziertere Aufgaben zu lösen geben. Auch fordern die Kinder im Alter ab 4 oder 5 Jahren zunehmend, neue und bisher nicht gehörte Lösungen auszuprobieren. Nicht selten werden sie in dieser Zeit hören: „Erzähl das doch mal anders …", oder: „Das kenn' ich schon, das ist langweilig." Dabei trifft uns die Kritik unvorbereitet, haben wir uns doch besondere Mühe gegeben, immer und immer wieder die selben Dinge zu erzählen, so wie sie es bisher wollten. Doch lassen Sie sich trösten: Nicht wir oder unser Talent zum Geschichten erzählen hat sich verändert, sondern die Fähigkeiten und damit die Bedürfnisse unserer Kinder.

Im Alter von etwa 5 Jahren kommen weitere Elemente hinzu, die Kinder an einer wirklich „guten" Geschichte schätzen: Abenteuer und Heldentum sind nun gefragt. Ich erinnere mich noch genau, wie meine Tochter in dieser Zeit herumlief und jammerte: „Ein Abenteuer, Mama, zeig' mir ein Abenteuer! Alle Leute haben Abenteuer, immerzu, nur ich nicht. Wo gibt es ein Abenteuer für mich?" Waren die Kinder vorher fasziniert von Geschichten, die im Kreis der Familie und der Geborgenheit spielten, so nimmt nun langsam der Anteil zu, der sich mit aufregenden Erlebnissen außerhalb der „Schutzzone Familie" beschäftigt. So, wie dieses Alter ja auch dadurch gekennzeichnet ist, einmal über den eigenen Zaun hinaus zu blicken und auszuprobieren, was es außerhalb der gesicherten Bahnen noch so alles gibt. Wichtig bleibt dabei, dass die Helden unserer Geschichten zurück nach Hause kommen können und dort Trost und Lob erfahren. Etwas auszuprobieren, eigene Entscheidungen zu treffen, Fehler zu machen und dennoch geliebt zu werden –, das sind wichtige Erfahrungen, die dieses Alter kennzeichnen. Dementsprechend werden jetzt auch solche Geschichten gefordert und favorisiert, die diesem Bedürfnis entgegenkommen.

Noch später können Sie das Kind bereits mit Aufgaben konfrontieren. 6-Jährige sind durchaus in der Lage, eine beliebige Geschichte in ihre wesentlichen Bestandteile aufzuspalten und diese Elemente neu zu mischen oder zu verändern. Natürlich bedürfen sie dazu unserer Führung, aber die so gewonnenen Geschichten bringen viel Erfahrung und Selbstvertrauen.

Nichts ist für die Sprachentwicklung so wichtig wie die Möglichkeit zu üben. Und nichts ist so wichtig für das Selbstbewusstsein wie die Erfahrung, etwas Neues zu versuchen und es dann tatsächlich zu schaffen. Geben Sie sich und Ihren Kindern die Chance, all das einmal auszuprobieren.

Nicht jedem fällt es leicht, sich gleich auf das Feld neuer, selbst erfundener Geschichten zu begeben. Greifen Sie für den Anfang ruhig auf Altbewährtes und Bekanntes zurück, das auch den Kindern vertraut ist. Gerade Märchen bieten eine gute und geduldige Grundlage, sie sind allgemein bekannt, ihre Figuren und Motive einfach gestaltet und lassen sich daher leicht verändern.

Märchen behandeln allgemein verständliche Themen, nutzen klare und unvermischte Motive und eine einfache Sprache. In ihrer Vereinfachung auf „Gut" und „Böse" bieten sie eine phantastische Möglichkeit, Kinder in die Welt der Bilder und aktiven Imagination zu führen.

Die Rahmengeschichte – das regelmäßig wiederkehrende Grundmuster

Im Alter von 3 Jahren sind die meisten Kinder bereits so weit, dass sie kleinere Geschichten mit überschaubarem Inhalt lieben. Immer wieder möchten sie sie hören. Wer kennt sie nicht, diese nebenbei in den Tag hinein erzählten oder vorgelesenen Geschichten, die das Kind in wahre Begeisterung versetzen, Sie als Erzählenden allmählich langweilen, da Sie immer und immer wieder die selben Abenteuer vortragen sollen. Und das noch möglichst spannend, bitte schön! Vorsichtige Versuche, das eine oder andere auszulassen oder abzuändern, werden gnadenlos bestraft: „Nein, so geht das nicht! Da muss doch jetzt das und das passieren, und das hat der doch so und so gemacht ..."

Na gut, dann also noch einmal. Seufz! Aber keine Angst – diese uns langweilig erscheinenden Wiederholungen sind nur ein vorrübergehender, wenn auch wichtiger Entwicklungsabschnitt im Leben unserer Kinder.

Während dieser Zeit fällt es Eltern am leichtesten, 2-bis 5-minütige Geschichten zu erfinden. Greifen Sie diesen Impuls auf, und erweitern Sie in den kommenden Jahren einfach die Themen und Komplexität dieser kleinen Geschichte. Das ist eine schlichte Methode, die täglichen Fragen der eigenen Familie und sprachliche Kreativität zu verbinden.

Mein Tipp: Schreiben Sie diese Geschichten auf. Wenn Sie die Heftchen dann nach Jahren in die Hand nehmen, vielleicht sogar gemeinsam mit den Kindern, werden Sie in einer Fülle von Erinnerungen und Gefühlen schwelgen, wie beim Stöbern in alten Fotoalben oder Videofilmen aus Kindertagen.

Allgemein bekannte Rahmengeschichten bieten uns Märchen. Egal ob nacherzählt oder vorgelesen, erfreuen sie sich heute wieder allgemeiner Beliebtheit. Aschenputtel, Rotkäppchen & Co sind den Kindern früh geläufig. Gerade das kleine Kind will sie über einen längeren Zeitraum hinweg hören.

Auch selbst erfundene Geschichten beginnen häufig mit einer Rahmengeschichte. Meistens ist diese anfangs noch kurz und knapp, besonders bei jüngeren Kindern. Je öfter sie erzählt wird, um so mehr Handlungselemente kommen hinzu, bis schließlich eine richtige Story entstanden ist, die den Vergleich mit „professionellen" Geschichten nicht zu scheuen braucht. Sie werden sehen: Mit jeder Geschichte werden Sie geübter erzählen und erfinden. Und die Kinder helfen Ihnen, schließlich wollen sie ja gemeinsam das Abenteuer Geschichte erleben.

◆ *„Hatschipuh, dein Stern"*

Das folgende Beispiel „Hatschipuh, dein Stern" soll beispielhaft aufzeigen, wie aus den ersten, flüchtig formulierten Sätzen im Laufe der Zeit eine runde Geschichte entstanden ist, die sich jederzeit wiederbeleben und verändern lässt.

Stefan ist 4 Jahre alt. Seit Tagen darf er wegen einer fiebrigen Erkältung nicht hinaus. Wie fast jeden Abend blickt er in den Himmel und versucht, die Sterne zu zählen. Seit er „Peterchens Mondfahrt" gehört hat, liebt er die kleinen Lichter sehr.

„Mama, können die Sterne da oben uns sehen?", fragt er.

Die Mutter nimmt ihn auf den Arm und fühlt, ob er noch Fieber hat. „Jeder von uns hat seinen eigenen Stern dort oben", antwortet sie geheimnisvoll.

„Hab ich auch einen?"

Die Mutter nickt.

„Welcher ist meiner? Los, sag es!", fordert der Junge.

„Du kannst ihn daran erkennen, dass er dir zublinzelt!", antwortet die Mutter und streicht ihm über den Kopf.

Stefan sucht und sucht. Schließlich wird er fündig. „Da, Mama, der da blitzt und blinkt. Warum macht er das?"

„Er blinzelt dir zu, weil er dein Stern sein will", antwortet die Mutter und bringt Stefan zu Bett.

„Woher weißt du das?"

„Als ich so alt war wie du, hat ein Traumstern mir sein Geheimnis verraten. Soll ich dir davon erzählen?"

„Oh ja, Mama, bitte!", bettelt Stefan. Er liebt es, wenn die Mutter spannende Gute-Nacht-Geschichten erzählt.

„Also gut", beginnt die Mutter ihre Geschichte.

Es war einmal ein kleiner Stern, der lebte glücklich und zufrieden zusammen mit den anderen am Himmel.

„Was machen die denn die ganze Nacht da oben?", fragt Stefan. „Müssen die ihre Kleidchen waschen wie bei Peterchens Mondfahrt?"

Die Mutter überlegt kurz und nickt dann. „Ja, ich glaub schon."

Die Sternchen putzten die ganze Nacht lang ihre Kleider, auf welche die Erdenkinder tagsüber hässliche kleine Flecken zauberten, wann immer sie eine freche Antwort gaben oder logen oder sonst etwas Unschönes taten.

Eines Nachts musste unser Stern so viel putzen, dass er sich ärgerte. Er beschloss, die Kinder auf der Erde zu besuchen und sie zu fragen, warum sie immer so viel Unsinn machten. Vielleicht, so dachte er, wussten sie ja gar nichts davon, dass er und seine Freunde jede Nacht den Ärger damit hatten.

Er flog also auf die Erde und fand die Kinder, die für sein glitzerndes Sternenkleid verantwortlich waren. Er fragte sie, warum sie immer so ungezogen wären. Sie erschraken sehr und versprachen, so oft wie möglich brav zu sein. Als Dank versprach unser kleiner Stern, ihnen jeden Abend zuzuwinken, wenn sie vor dem Zubettgehen nach ihm sehen würden. So wurden die beiden Kinder und der Stern richtig gute Freunde.

„Das war aber eine schöne Geschichte", murmelt Stefan, der schon halb eingeschlafen ist. „Erzählst du morgen weiter?"

„Wieso?", fragt die Mutter verwundert. „Ist sie denn noch nicht zu Ende?"

Stefan murmelt etwas Unverständliches, dann fallen ihm die Augen zu.

Dieses Motiv ist neu für Stefan und seine Mutter und wird sicherlich mehrfach hin und her bewegt, ergänzt und ausgemalt werden. Gerade die ständige Wiederholung eines Erzählmotives bietet auch im frühen Alter Chancen für Kinder, aktiv tätig zu sein und ihr Sprachverhalten zu üben.

Mein Tipp: Man kann auch schon kleinere
Kinder einzelne Abschnitte zusammen-
fassen lassen („Was sagt / macht der
Stern an dieser Stelle noch mal?") oder
rückblickende Verständnisfragen stellen
(„Warum hat er das denn jetzt gemacht?
Darf er das überhaupt wagen?").

Solche Fragen fördern die aktive Auseinandersetzung
mit dem Thema und helfen dabei, dass die Kinder sich
nicht nur vorlesen und erzählen lassen. Dennoch kann
auch nur das Zuhören richtig sein, wenn das Kind müde
ist oder das Erzählen bereits ausgiebig mitgestaltet hat.
Gerade ein schon bekannter Stoff wirkt entspannend
und lädt dazu ein, nach Lust und Laune aus vorhandenen Vorstellungbildern zu schöpfen. Hier ein Beispiel
dafür, wie die Geschichte von Hatschipuh weiter gehen
könnte:

*Am nächsten Abend will Stefan wieder seinen Stern blin-
ken sehen, bevor er bereit ist, ins Bett zu gehen.*
  *„Erzählst du weiter von dem kleinen Stern?", bittet er.
Die Mutter lacht. „Na gut, wenn du willst."*

*Es war einmal ein kleiner Stern, der lebte zusammen mit
seinen anderen Kollegen zusammen am Himmel und
putzte die ganze Nacht lang sein Kleidchen. Eines Abends
ärgerte er sich darüber ...*

*„Hat der Stern denn keinen Namen?", fragt Stefan vor-
wurfsvoll.*
  „Wie soll er denn deiner Meinung nach heißen?"
  „Weiß nicht, sag du es mir. Es ist doch deine Geschichte."

Na gut! Die Mutter denkt einen Moment nach und grinst dann belustigt. „Er hat natürlich einen Namen, sonst könnte das Sandmännchen ihn doch gar nicht von den anderen unterscheiden. Er heißt Hatschipuh!"

Stefan kichert. „Das ist aber ein lustiger Name. Wie kommt er denn daran?"

„Nun, weil er ... Schnupfen hat. Mondschnupfen!", fügt die Mutter hinzu.

Nun wird Stefan ernst. „Und wie ist das?"

„Wie bei uns auch. Das Sternchen muss dauernd niesen."

„Und wovon hat es das gekriegt? War es zu lange draußen? Oder hat es über den Himmelsrand geschaut und sich erkältet?"

Die Mutter verdreht kurz die Augen, doch schnell hat sie den Faden der Geschichte wieder aufgegriffen. „Pass auf."

Das Sternchen Hatschipuh hatte seinen Namen von einer Krankheit. Es war nämlich allergisch gegen den Mondstaub. Immer, wenn es dem guten Mond zu nah ins Gesicht schaute, musste es ganz schrecklich laut niesen. „Hatschipuh!", machte es dann und alle Sternchen um ihn herum purzelten durcheinander, dass es eine wahre Freude war. Die Menschen auf der Erde behaupteten dann immer, sie hätten einen Sternschnuppenregen gesehen, doch das war nichts anderes als Hatschipuhs Schnupfen.

Eines Tages ärgerte Hatschipuh sich ganz arg über die Menschenkinder, die sein glitzerndes Kleid mit ihrer Unachtsamkeit so verschmutzt hatten. „Ich müsste sie eigentlich einmal fragen, warum sie das tun", überlegte er und fasste einen Plan. „Ich werde sie auf der Erde besuchen und mit ihnen reden ..."

An dieser Stelle setzt Stefan einige Abende später mit neuen Fragen an. „Kriegt Hatschipuh denn keinen Ärger, wenn er so einfach auf die Erde fliegt?", will er wissen. Der Junge hat noch sehr genau in Erinnerung, wie sehr Papa neulich geschimpft hat, weil er ohne auf ihn zu warten einfach über die Straße gelaufen ist. „Haben die Sternchen denn niemanden, der auf sie aufpasst, damit sie keinen Unsinn machen?"

Der Mutter fällt auch dazu eine passende Antwort ein. „Das Sandmännchen passt doch auf sie auf."

„Und der erlaubt das einfach so?"

„Was heißt schon erlauben?", fragt die Mutter zurück und erzählt weiter:

Hatschipuh hatte schon einen Plan: Er wollte sich heimlich auf die Reise machen. Dazu musste er zum Mond gehen und mit seiner Hilfe unbemerkt auf die Erde gelangen. Er schlich sich also an den Mond heran, lächelte ihm einmal zu und schaute dann mit großen Augen mitten in sein rundes Gesicht.

„Und dann?" Stefans Mund stand vor Spannung weit offen. „Was passierte dann?"

Es passierte, was passieren musste: Es gab einen gewaltigen Nieser, der alle Sternchen um ihn herum mit sich riss und zu Boden warf.

„Das Sandmännchen auch?"

Natürlich, den Sandmann auch. Der war nicht besonders erfreut, als es sich wieder aufgerappelt hatte und die ganze Bescherung sah. „Hatschipuh! Natürlich, wer auch sonst!", schimpfte er. „Na warte, der soll was erleben, wenn ich den in die Finger kriege!"

31

Hatschipuh aber landete auf der Erde bei den beiden Kindern …

Wieder vergingen Tage, in denen die Geschichte weiter erzählt wurde. Jedes Mal hatte Stefan viele Fragen, bevor seine Mutter zum Ende kommen konnte. Einige betrafen die Ausgestaltung des Kinderzimmers, in dem Hatschipuh landete, andere die Frage, wie der kleine Stern denn wieder zurück nach Hause kommen sollte und ob ihm dort eine Strafe drohte, schließlich hatte der Sandmann ja so etwas angedeutet. Das aber wollte Stefan dem nun schon vertrauten kleinen Freund unbedingt ersparen.

Schließlich, nach mehreren Erzähltagen, war die Geschichte vom kleinen Stern Hatschipuh endlich zu Stefans Zufriedenheit zu einem Ende gekommen. Über viele Wochen und Monate hinweg wurde sie immer und immer wieder erzählt, je nach Zeit und Stimmung dauerte das länger oder nur wenige Minuten. Damit Stefan sich auch später noch daran erinnern würde, schrieb seine Mutter die Geschichte schließlich für ihn auf:

Es war einmal ein kleiner Stern, der lebte schon seit Jahren hoch oben am Himmel. Wie jeden Abend stand er brav an einem der Tische und polierte sein glänzendes Kleid.

„So ist es gut, ihr Sternchen, macht nur fleißig all die Flecken weg, die die Menschen in ihrer Unwissenheit daraufgezaubert haben", trieb der Sandmann sie an. Prüfend ging er herum und stand schließlich neben unserem Freund. „Sieh nicht zu lange zum Mond, Hatschipuh", mahnte er. „Du weißt ja, dass dir das nicht bekommt."

„Warum denn nicht?", fragte leise ein kleiner, neuer Stern. Sein Name war Himmelsglanz. „Weil ich Mondschnupfen habe", erklärte unser Stern. „Deshalb heiße ich auch Hatschipuh. Wenn ich den Mond zu lange ansehe, muss ich niesen. Und wenn ich das tue …" – Er rieb sich vielsagend die Nase.

„Was dann?", fragte das neue Sternchen neugierig. „Was passiert denn, wenn du niest?" „Dann gibt es eine Explosion!" Hatschipuh sah das entsetzte Gesicht des Sternchens Himmelsglanz und musste lachen. „Nein, nein, keine Angst, niemandem passiert etwas. Außer, dass alle durcheinander fliegen und der Sandmann mit einem Plumps auf seine dicke Nase fällt."

Der Stern Hatschipuh schimpfte beim Polieren seines Kleides leise vor sich hin. „Warum müssen wir Sterne eigentlich unsere Kleider putzen, nur weil die Menschenkinder sich schlecht benehmen? Eigentlich sehe ich das nicht ein. Am liebsten würde ich …" „Was würdest du?", fragte Himmelsglanz. Es war wirklich sehr neugierig!

„Warum eigentlich nicht?", fuhr es dem kleinen Stern da in den Kopf. „Warum soll ich eigentlich nicht auf die Erde gehen und die Menschen fragen, wieso sie das machen?" Hatschipuh fasste einen Plan. Er wollte die Kinder auf der Erde besuchen und zur Rede stellen. Vielleicht würden danach ja weniger Flecken dieser unachtsamen Gesellen auf seinem Kleid erscheinen.

Der kleine Stern Hatschipuh blickte sich um. „Ho, ho, ho", lachte da freundlich der Mond. „Weißt du denn nicht mehr, kleiner Hatschipuh, was mit dir passiert, wenn du mich ansiehst?"

„Doch", antwortete der Stern und hielt verschwörerisch einen Finger vor den Mund. „Aber ich habe etwas zu erledigen." Der Mond verstand und schloss seine Augen. So konnte ihm niemand vorwerfen, er hätte bei der Sache mitgemacht. Hatschipuh schaute dem Mond ins Gesicht. Schon spürte er ein leises Kitzeln in der Nase, das stärker und stärker wurde, bis er schließlich niesen musste. „Hatschi!", machte es, und noch einmal: „Hatschipuh!" Wie aufgescheuchte Hühner purzelten alle Sterne durcheinander, der Sandmann mitten unter ihnen.

„Hatschipuh!", schrie er aufgebracht, als er endlich zum Stehen kam. „Wo ist er, dieser Lausebengel? Er weiß doch genau, dass er das nicht tun soll!"

„Der ist weg!", antwortete Himmelsglanz und fühlte sich plötzlich sehr wichtig. „Wohin?", grollte das Sandmännchen. „Auf die Erde gefallen", antwortete Himmelsglanz und sah besorgt hinunter.

Hatschipuh landete, wie er es gewünscht hatte, mitten in einem Kinderzimmer. Ein Junge und ein Mädchen lagen dort in ihren Betten und schliefen. „Hallo, ihr zwei, aufwachen!", rief der Stern und streichelte sie sanft. Die Kinder öffneten ihre Augen und erschraken zunächst, als sie den hellen Glanz in ihrem Zimmer bemerkten. „Was machst du denn hier?", fragte das Mädchen. Es mochte etwa fünf Jahre alt sein und hielt den kleineren Bruder an der Hand.

„Ich möchte euch etwas fragen", antwortete Hatschipuh. „Warum macht ihr so viele dumme Dinge auf der Erde? Wisst ihr denn nicht, dass es für jedes böse Wort und jede Dummheit einen dunklen Flecken auf unserem Sternenkleid gibt? Wir Sternchen müssen die halbe Nacht lang putzen, um die Kleider wieder sauber zu bekommen. Das finde ich gar nicht nett."

Das Mädchen berührte ihn sanft am Arm. „Es tut mir Leid, kleiner Stern, aber ich kann nicht nur lieb sein. Auch dann nicht, wenn ich weiß, dass du dadurch viel Arbeit hast. Aber vielleicht kann ich die frechen Wörter weglassen. Würde dir das helfen?"

Hatschipuh erklärte sich damit zufrieden. Immer nur lieb sein – nein, das geht nicht, das kannte er von sich selbst. Er saß noch eine Weile bei den Kindern und erzählte ihnen von seinem Himmelsschnupfen, dann sah er die ersten Strahlen der Morgenröte und verabschiedete sich.

„Ich muss jetzt gehen", sagte er und reichte den Kindern die Hand. „Die Morgenröte wird mich zurück an meinen Platz bringen, vielleicht hat ja niemand etwas gemerkt. Es war schön hier bei euch. Und wenn ihr euch des Nachts mal alleine fühlt – nun, dann seht einfach in den Himmel und sucht nach mir."

„Wie sollen wir dich denn finden?", fragte der kleine Bruder. „Ganz einfach: Ich stehe dort oben und blinzle euch zu. Ihr werdet mich sehen und wissen, dass ich es bin, der euch anlacht." Mit diesen Worten sprang er auf den Strahl der Morgenröte und flog davon, zurück auf seinen Platz am großen Himmelszelt.

Oben angekommen, betrachtete Hatschipuh sein Kleid und begann sofort damit, es zu putzen. Seine Augen suchten den Sandmann: Ob der sein Abenteuer wohl bemerkt hatte? Hatschipuh wusste genau, dass es eigentlich streng verboten war, auf die Erde zu gehen.

„Na, wie war's?", flüsterte Himmelsglanz und drängte sich neugierig an ihn heran. Hatschipuh verdrehte begeistert die Augen. „Wundervoll!", schwärmte er und erzählte von seinem Abenteuer. „Morgen gehe ich wieder hin."

Da erschien der Sandmann neben ihm. „Na, kleiner Freund, kurze Pause gemacht?", fragte er und sah auf einmal sehr freundlich aus. Er hatte sich große Sorgen gemacht und war nun froh, den kleinen Racker wieder sicher zu Hause zu wissen. „Dann putz mal schön weiter, es sind noch Flecken auf dem Kleid." Und mit einer Handbewegung bat er die anderen Sterne, dem kleinen Hatschipuh zu helfen.

„Ja, morgen gehe ich wieder", flüsterte Hatschipuh. Und dachte glücklich an seine beiden neuen Freunde unten auf der Erde.

Die abgewandelte Rahmengeschichte – einmal fix gemischt und neu erzählt

Ist die Geschichte oft genug erzählt, werden Sie merken, dass ihr Kind das Bedürfnis entwickelt, kreativ mit ihr umzugehen. Es beginnt zu fragen: „Was wäre denn passiert, wenn ...", oder: „Warum kommt Himmelsglanz eigentlich nicht mit auf die Erde?"

Ich beobachte oft, dass geübte Kinder in Momenten der Langeweile – die auch wichtig sind – von sich aus kreativ mit ihren Lieblingsgeschichten umgehen. So beginnen sie zum Beispiel, einzelne Szenen daraus zu malen oder auf eine andere Weise bildnerisch darzustellen. Gemeinsam mit Freunden, welche die Geschichte ebenfalls kennen, beginnen sie vielleicht ein Verkleidespiel oder entwickeln andere spannende Ideen. Ich habe schon 4-Jährige erlebt, die ganze gemalte Bücher hervorbrachten, jeden Tag ein anderes Bild, bis das Thema irgendwann seinen Reiz verlor.

Mein Tipp: Sammeln Sie solche Bilder und heften Sie sie zusammen mit den erfundenen Geschichten ab. Gesammelt ergeben sie schließlich ein kleines Buch.

Wenn Sie diese bekannten Geschichten variieren möchten, ist es wichtig, den groben Rahmen beizubehalten. Die wichtigsten Personen und Namen sollten bestehen bleiben, die Rollen von Held und Gegenspieler, von Gut und Böse sich nicht vermischen. Für kleinere Kinder sind solche vielschichtigen Persönlichkeiten noch zu schwierig und verunsichern sie mehr.

Mit zunehmendem Alter werden die Kinder einfordern, dass ihre Helden neue, spannende Abenteuer erleben. So wird es ihnen irgendwann wahrscheinlich nicht mehr reichen, dass Hatschipuh immer wieder dem Sandmann entwischt und die beiden Kinder auf der Erde trifft. Er soll etwas anderes erleben, am Besten ein Abenteuer, möglichst fremd und zauberhaft, ein Märchen eben.

Irgendwann aber geht Ihnen die Puste aus, und es fällt Ihnen beim besten Willen nichts mehr ein, was dieser kleine Stern noch alles erleben könnte.

Mein Tipp: Lassen Sie sich nicht entmutigen und fordern Sie die Kinder auf, Ihnen bei der Motivsuche zu helfen. Je nach Alter gibt es dazu vielfältige Möglichkeiten:

Kleinere Kinder ab 3 können Sie zum Beispiel an einem Wendepunkt der Geschichte fragen: „Was meinst du – was ist dann passiert? Wo ging der Riese hin? Wen traf er dort?"

Eine bewährte Methode bei Kindern ab 4 ist es – Ihnen vielleicht bekannt aus dem Film „Jenseits von Afrika" –, sich Stichworte nennen zu lassen und um diese herum eine Geschichte zu erfinden.

Kinder können Ihnen durchaus solche Stichworte liefern. In der Regel werden sie begeistert darauf eingehen und voller Spannung auf die Fortsetzung der Geschichte warten, egal ob einzeln oder als kleine Gruppen, gleichaltrig oder gemischt.

Hier ein Beispiel, wie Hatschipuh durch Beibehaltung der Rahmenhandlung (Vorgänge im Himmel) und mit neuen Handlungsmotiven auf dem Schauplatz Erde zu einer abgewandelten Rahmengeschichte wird:

Stefan steht wieder einmal am Fenster und sucht den Himmel nach Sternen ab in der Hoffnung, seinen Freund Hatschipuh zu entdecken. Und wirklich, da blinzelt ihm tatsächlich ein Licht zu.

„Da ist er, Mama, Hatschipuh hat mir zugelacht", ruft er aufgeregt.

Die Mutter lächelt. „Nun komm, kleiner Mann, ab ins Bett. Wir wollen sehen, was Hatschipuh heute erlebt. Gib mir drei Worte, dann mach ich eine Geschichte draus."

Stefan ist gleich Feuer und Flamme: „Löwe, Gras und Zahnarzt."

„Das ist aber schwierig", antwortet seine Mutter. Nach kurzem Nachdenken beginnt sie zu erzählen:

Eines Abends saß der Stern Hatschipuh wieder einmal am Himmelstisch und langweilte sich. Nichts von dem, was das Sandmännchen sagte, konnte ihn begeistern.

„Ich gehe auf die Erde und erlebe ein Abenteuer. Kommst du mit?", fragte er seine Nachbarin Himmelsglanz. Doch die schüttelte den Kopf. „Ich trau mich nicht!"

Also verabschiedete sich Hatschipuh und blickte heimlich in den Mond. Der ahnte schon, was der kleine Stern von ihm wollte, und schloss seine Augen. Die anderen Sternenkinder starrten Hatschipuh an. Ob er wohl wieder …?

Und ob! Mit einem lauten: „Hatschipuh!", trompetete der kleine Stern sich vom Himmelszelt hinunter, mitten auf die Erde. Er landete unsanft und rieb jammernd seinen Kopf. „Was hat mich da bloß getroffen?", klagte er.

„Was glaubst du, Stefan, worauf ist Hatschipuh wohl diesmal gelandet?", fragt die Mutter.

Stefan hat eine Idee. „Ich weiß", ruft er aufgeregt. „Das ist das Tor vom Elefantenhaus."

„Aha", antwortet die Mutter. „Dann ist er also in einem Zoo."

Hatschipuh rieb sich die schmerzende Stelle am Kopf, die sich ganz wie eine Beule anfühlte. „Das fängt ja gut an", schimpfte er. Er sah sich um und staunte: Auf seinen Reisen zur Erde hatte er schon manche Tiere getroffen, aber jemanden, dessen Nase auf dem Boden hängt wie ein alter Socken, das war ihm neu.

"Hallo, ich bin Hatschipuh. Und wer bist du?", fragte er. "Ich bin ein Elefant", erwiderte das seltsame Tier. "Und ich wohne hier, wenn du gestattest. Bitte mach das Licht wieder aus, damit ich in Ruhe schlafen kann."

Der kleine Stern war enttäuscht. Das hörte sich aber gar nicht nach Abenteuer an. "Gibt es denn hier niemanden, der einen Stern brauchen kann?", klagte er.

Der Elefant überlegte hilfsbereit. "Vielleicht dort drüben, da habe ich den alten Löwen rufen hören. Du kannst ihn ja mal fragen."

Also zog Hatschipuh los, um den alten Löwen zu suchen. Mit Hilfe der Zootiere fand er ihn schließlich: Halb verdeckt von einem großen Baum wedelte sein Schwanz aufgeregt hin und her. Dabei jammerte er, als würde man ihm jedes Haar einzeln ausrupfen.

"Bist du Leo Löwe?", fragte Hatschipuh höflich. Er war ein wenig enttäuscht: Den König der Löwen hatte er sich anders vorgestellt. Groß und stark und herrschsüchtig, aber keinesfalls so klein und traurig.

"Ja, ich bin ein Löwe", jammerte das Tier und verzog gar jämmerlich sein Gesicht. "Ich hab schreckliche Zahnschmerzen. Ich bin aus meinem Gehege ausgerissen, weil ich dachte, eines der anderen Tiere wüsste vielleicht ein Mittel dagegen. Aber bisher hat mir niemand helfen können." Wieder jammerte der Löwe wie ein kleines Kind und hielt sich die schmerzende Backe. Hatschipuh überlegte, wie er dem armen Tier helfen könnte. „Wer könnte denn eine Medizin wissen?"

„Was denkst du, Stefan, zu wem wird der arme, kranke Löwe den Stern wohl schicken? Welches Tier könnte eine Medizin wissen?"

Die Antwort lässt nicht lange auf sich warten: „So was weiß nur der Uhu, der ist das schlaueste von allen Tieren."

„Das wird nur der Uhu wissen", jammerte der Löwe. „Aber der wohnt am anderen Ende des Zoos, so weit kann ich sicher nicht mehr laufen. Ouuuh, das tut so weh!!!"

Hatschipuh hielt seine Ohren zu und machte sich auf den Weg zum Uhu. Der war längst wach. „Ich kann den Löwen bis hierher brüllen hören", schimpfte er. „Wenn ich dir ein Mittel gegen seine Schmerzen verrate, kleiner Stern – sorgst du dann dafür, dass er es auch nimmt?"

Hatschipuh versprach es feierlich, und so erklärte ihm der große Vogel: „Leo hat seine Zähne noch nie im Leben geputzt. Er dachte, als König der Tiere müsse er das nicht tun. Nun ist ein Zahn faul und tut weh. Es gibt keine andere Lösung: Der kranke Zahn muss raus, und Leo muss wie alle anderen auch in Zukunft seine Zähne putzen."

„Und wie soll ich den kranke Zahn herausbringen?", fragte Hatschipuh. Der Uhu kraulte sich mit der Flügelfeder den Bart. „Man müsste einen Strick um seinen Zahn wickeln und ihn irgendwie herausziehen. Ich glaube aber nicht, dass der Löwe lange genug still hält." Er überlegte laut: "Was nehmen wir bloß?"

Da hatte der kleine Stern eine gute Idee. „Ich weiß schon", rief er, verabschiedete sich höflich und flog, so schnell er konnte, zurück zu Leo Löwe.

„Hier Leo, ich hab dir Wurzeln und Zweige mitgebracht. Wenn du daran kaust, tut dein Zahn nicht mehr so weh." Vorsichtig band Hatschipuh einen Grashalm um den schmerzenden Zahn. „Puh, das ist nun wirklich ein großes Loch", staunte er. Das andere Ende des Grashalmes hielt er fest in seiner Hand. Dann sah er mutig dem Mond ins Gesicht und nieste, wie es sich kein Mensch auf Erden vorstellen kann. „Hatschi!", ging es, und noch einmal: „Hatschipuh!"

Als die Tiere sich wieder beruhigt hatten, blickten sie auf Leo Löwe. Der hielt sich zwar noch die Backe, aber Zahnschmerzen hatte er keine mehr.

„Was hast du mit meinem Zahn gemacht?", wollte er wissen. „Ooooch, nichts, nur ein bisschen doll geniest", schwindelte der Stern.

Da tauchten die ersten Strahlen der Morgenröte am Horizont auf. „Ich muss gehen", sagte Hatschipuh. Leo Löwe bedauerte, dass der kleine Stern schon gehen musste. „Kommst du einmal wieder?", fragte er. „Klar! Aber du musst mir versprechen, dass du regelmäßig deine Zähne putzt und nicht mehr jammerst."

Der Löwe versprach es, und schon sauste Hatschipuh auf dem Strahl der Morgenröte zurück an seinen Platz am Himmelszelt.

42

„Ob der Sandmann ihn wohl diesmal entdeckt hat?",
fragt die Mutter.

Stefan hält den Finger vor den Mund und schüttelt den
Kopf. Mama nickt verschwörerisch und erzählt weiter:

*Der Sandmann ließ sich nicht anmerken, ob er das Feh-
len des kleinen Sternchens bemerkt hatte oder nicht. Lä-
chelnd überhörte er, wie Hatschipuh den anderen erzählte: „Stellt euch vor, auf der Erde gibt es Tiere mit Nasen
bis auf den Boden. Und Löwen mit Zahnschmerzen. Das
war nämlich so ..."*

◆ Das selbstgestaltete Märchenbuch

Kreativer Umgang mit Rahmengeschichten ist nicht auf
Wörter begrenzt. So können Sie das Kind anregen, etwas
dazu zu malen oder ein Buch daraus zu machen.

Mein Tipp: In Phasen, in denen schier
alles Wissenswerte zu einem Thema
verschlungen wird, müssen Sie nicht
alles kaufen. Oft hilft ein Besuch in
der Bibliothek oder ein kleiner Tausch
mit Freunden.

Nutzen Sie neben der Bibliothek auch eigene Fähigkeiten, um dem schier unersättlichen Bedürfnis der Kinder
nach neuen Lieblingsbüchern nachzukommen. Ist es
in der einen Woche das Thema Gespenst, das in allen
möglichen Variationen auftaucht und fast unerschöpf-
lich scheint, so sind es wenig später vielleicht schon

Ritter oder Steinzeitmenschen, die das Herz der kleinen Helden höher schlagen lassen. Und wenn die vorhandenen Bücher nicht mehr ausreichen – was hindert Sie daran, gemeinsam mit dem Kind neue, eigene zu entwerfen?

Mein Tipp: Lassen Sie sich von Ihrem Kind sagen, welche besonderen Elemente ein Buch, zum Beispiel über Sterne, haben sollte. Diese schreiben Sie auf, versehen sie mit einem Symbol, welches das Kind leicht erkennen kann, und machen gemeinsam ein eigenes Buch dazu.

Fakten und Zusammenhänge für solche „eigenen" Bücher schlagen Sie gemeinsam nach, zum Beispiel: Wie viele Sterne gibt es eigentlich? Was ist ein Stern? Warum können manche blinken und manche nicht? So lernt das Kind, zwischen Phantasiewelt und Realität zu unterscheiden und sie zunächst gleichberechtigt nebeneinander stehen zu lassen. Die Zeit, in der die reale Welt die Gedanken des Kindes für sich beansprucht, wird noch früh genug kommen. Es reicht zunächst aus, die verschiedenen Ebenen unterscheiden zu können. Auf diesem Weg zeigen Sie ihrem Kind außerdem, wie man sich Informationen zu einem bestimmten Thema beschafft – eine Hilfe, die es sein Leben lang gut gebrauchen kann.

Bestimmte Fragen begleiten einen Menschen längere Zeit. Bei Kindern ist das nicht anders, meistens ist ein Motiv über viele Wochen hinweg aktuell. Irgendwann aber sind alle Bücher zu diesem Thema gelesen und die Wünsche nach neuen Geschichten noch lange nicht gestillt.

Warum jetzt nicht eigene Bücher gestalten? Die Kinder wissen selbst am besten, welche Elemente ein solches Buch haben sollte, reihen diese bewusst und in der Regel in einer sehr kreativen Ausdrucksweise aneinander.

Kleineren Kindern wird man helfen müssen, größere Kinder können „ihre" Märchen und Geschichten schon selbst aufschreiben. Ermutigen Sie sie dazu und geben Sie ihnen ruhig die Gelegenheit, diese eigene Form im Freundes- und Bekanntenkreis vorzutragen, wenn sie das möchten. Sie werden erstaunt sein, welche unterschiedlichen Akzente jedes Kind setzt.

Mein Tipp: Die jüngeren Kinder könne zwar noch nicht schreiben, wohl aber malen. Animieren Sie Ihr Kind ruhig, „sein" Märchen aufzumalen. Zusammengetackert ergibt das jedes Mal ein kleines individuelles Märchenbuch, das man sammeln kann. Sie können es ergänzen, indem Sie wortwörtlich (wichtig!) das vom Kind dazu erzählte Märchen aufschreiben.

Hier zwei Beispiele, bei denen kleinere Kinder zu ihren Lieblingsmärchen Bilder angefertigt und ihre eigene, höchst persönliche Textversion dazu erfunden haben: Alexandra, vier Jahre alt, wollte das Märchen „Rapunzel" über mehrere Wochen hinweg immer wieder hören. Um es nicht noch einmal erzählen zu müssen, regte ich die Gestaltung eines eigenen Märchen-Bilderbuches an.

▲ Bild 1: Rapunzel im Garten der bösen Hexe
▼ Bild 2: Rapunzel lässt ihr Haar herunter

▲ Bild 3: Rapunzel in der Wüste

Alexandra kommentierte ihre drei Bilder so:

Eine Mutter bekam einmal eine Tochter, die nannte sie Rapunzel. Sie durfte so viele Rapunzeln aus dem Garten der bösen Hexe essen wie sie wollte, aber dafür nahm die Hexe ihr das Kind weg. Sie war schön und jung und liebte es, draußen herumzuspielen.

Eines Tages kam ein junger Königssohn herangaloppiert und rief: „Rapunzel, Rapunzel, lass dein Haar herunter!"

Dann wurde sie zur Strafe in der Wüste ausgesetzt und bekam dort 2 Babys.

Ein halbes Jahr später, mittlerweile 5 Jahre alt, hat ihre

▲ *Bild 4: Schneewittchen und die böse Königin*
▼ *Bild 5: Schneewittchen und die sieben Zwerge*

Vorliebe gewechselt. Sie hat zwei Szenen ihres aktuellen Lieblingsmärchens „Schneewittchen" gemalt. Das erste Bild zeigt das Schloss mit der bösen Königin und dem jungen Schneewittchen, das andere ein Haus im Wald und die sieben Zwerge.

Alexandras Geschichte lautet so:

In einem Schloss lebte einmal eine Königin, die hatte eine Tochter, die sie Schneewittchen nannte. Dann starb die Königin, aber Schneewittchen bekam eine böse Stiefmutter. Die ließ sie schmücken und wollte sie töten, weil sie eifersüchtig war. Darum verwandelte sich die alte Frau in eine Hexe.

Als die sieben Zwerge Heim kamen und sie bemerkten, dass ein Licht da war, zuckten grelle Blitze am Himmel und die Regenwolken verwandelten den Himmel. Die sieben Zwerge kehrten im Gewitter heim.

(Der Rest der Geschichte war Alexandra offensichtlich nicht wichtig genug, um ihn in ihr Buch aufzunehmen.)

◈ Das Puzzle

Kinder haben Spaß daran, einzelne Teile zu einem Ganzen zusammenzufügen, manche puzzeln schon im Alter von 2 oder 3 Jahren selbstständig und mit Ausdauer. Das Puzzeln schult die Konzentrationsfähigkeit der Kinder, aber auch das Vorstellungsvermögen. Wichtig ist es, dass das Kind mit der Anzahl der Puzzleteile nicht überfordert wird.

Mein Tipp: Sie können ein selbst ge-
maltes Bild über ein spezielles Element
aus Ihrer Geschichte nehmen und in
mehrere verschieden große Teile
schneiden. Die Kinder werden begeistert daran gehen, dieses Puzzle wieder
zusammenzufügen.

Mit älteren Kindern, die bereits das Bedürfnis haben, eine
bestehende Rahmengeschichte zu verändern, kann man
auf andere Weise Puzzle spielen. Die einzelnen Komponenten einer Geschichte, die ihnen besonders wichtig sind,
können aufgeschrieben oder als Bild dargestellt werden.
Anschließend mischt man diese „Puzzleteile" und versucht, gemeinsam mit dem Kind eine neue Geschichte zu
formulieren. Stichwörter für ein Puzzle könnten z.B. sein:

*Sandmann • Mond • auf die Erde kommen • niesen •
Sterne • nicht böse sein*

Aus der neu ermittelten Reihenfolge der Wörter wird eine andere Geschichte.

- *Der Sandmann wollte unbedingt einmal auf den Mond.*
- *Aber er wusste nicht, wie er dahin kommen sollte. Also*
- *dachte er sich etwas aus: Wenn er seine Nase kitzelte und*
- *niesen müsste, dann könnte er sich ja vielleicht bis auf*
- *den Mond schießen!*
-
- *Gedacht, getan! Schon sah er sich nach einer Feder um,*
- *mit der er seine Nase kitzeln konnte. Leider war keine zu*
- *sehen. Nach längerem Suchen fand er ein Zimmer, in*
- *dem zwei Sternchen schliefen. „Was macht ihr denn*

da?", fragte er verblüfft. „Ist das nicht der Platz für kleine Menschen? Ihr gehört doch an den Himmel und nicht hier ins Bett!"

„Die Kinder wollten unbedingt wissen, wie es so im Himmel ist, und darum haben wir mit ihnen getauscht", schluchzte das eine Sternchen. „Und nun kommen sie nicht wieder, und wir wissen nicht, wie wir zurück an unseren Platz im Himmel kommen sollen."

Der Sandmann dachte kurz nach und entschloss sich, die beiden Sterne mitzunehmen. Irgendetwas würde ihm schon einfallen.

Da begann das eine Sternchen zu husten. „Ich hab mich erkältet", stellte es fest. „Hier unten auf der Erde ist es viel kälter als bei uns." Das brachte den Sandmann auf eine Idee: Er kitzelte die beiden Sternchen aus. Die lachten und prusteten und mussten schließlich laut und herzhaft niesen. Ihr „Hatschi!" war so heftig, dass sie alle drei bis in den Himmel geschleudert wurden.

„So, da sind wir", sagte der Sandmann. „Nun muss ich aber die Kinder suchen und zurück auf die Erde bringen. Es wird bald Morgen, dann müssen sie aufstehen."

Die Kinder waren bald gefunden und noch ehe sie widersprechen oder davonlaufen konnten, hatte der Sandmann ihnen etwas Schlafsand in die Augen gestreut. Auch sie mussten erst gähnen, dann niesen ... und huschhusch, waren sie wieder zurück in ihren Betten.

„Das probiere ich auch", nahm sich das Sandmännchen begeistert vor. „Gleich

morgen werde ich es versuchen. Einfach etwas Schlafsand nehmen, und schon niese ich mich auf den Mond.
Aber erst morgen, heute habe ich noch zu tun." Und er
machte sich auf zu seinem Glasberg, in dem er neuen
Sand mahlen musste, um auch am nächsten Abend noch
all die vielen Menschen in den Schlaf zaubern zu können.

◆ Märchen einmal „anders herum"

Im Folgenden sollen einige Möglichkeiten zum kreativen
Umgang mit den einzelnen Themen aufgezeigt werden,
wobei die einzelnen Märchen selbst als „Rahmengeschichte" behandelt werden. Je nach Zusammensetzung
der Gruppe und Vorerfahrung der einzelnen Kinder können sehr unterschiedliche Ergebnisse dabei herauskom-
men. Es geht bei diesen Übungen nicht darum, die einzelnen Geschichten zu bewerten oder zu deuten. Hier soll
lediglich der Einsatz der eigenen Phantasie gefördert und
entsprechend gelobt werden.

Ich erinnere mich noch genau, wie meine Tochter mit
4 Jahren beim Vorlesen von „Rotkäppchen" plötzlich und
unerwartet von mir verlangte: „Erzähl das doch mal an-
dersrum!"

Sie war an einem Punkt angelangt, an dem sie Verän-
derungen in der Geschichte wünschte. Gemeinsam
machten wir uns also auf die Suche nach Wegen, wie man
ein bekanntes und geliebtes Märchen verändern kann.

Die Vorgehensweise hierbei ist analog zu der des Puzz-
lespiels, nur werden hier die kennzeichnenden Segmente, aus denen das Märchen besteht, in ihr Gegenteil um-
gewandelt. Zur Verdeutlichung können die benannten
Märchensegmente und ihr Gegenteil auch bildnerisch

gegenübergestellt werden: So kann aus dem roten Käppchen plötzlich ein blauer Strumpf werden, aus dem Mädchen ein Junge, aus der Mutter ein Vater, aus dem Häuschen am Waldrand, in dem die Oma wohnt, ein Hochhaus mitten in der Stadt, in dem der Opa lebt. Der Held ist nicht klein und ängstlich, sondern groß und frech. Und nicht zuletzt ist der Wolf vielleicht gar kein Wolf ...

Dabei ist wichtig, dass die einzelnen Segmente von den Kindern selbst benannt werden. Sie als Erwachsener sind natürlich gefordert, wenn es anschließend darum geht, aus all diesen einzelnen Teilen eine neue, zusammenhängende Geschichte zu machen.

◈ „Blaustrümpfchen"

Es war einmal ein kleiner Junge, der lebte alleine mit seinem Vater in einem Haus am Rande der Hochhaussiedlung. Jemand hatte ihm vor einiger Zeit blaue Socken geschenkt, und die liebte er so sehr, dass er sie gar nicht mehr ausziehen wollte und am liebsten mit ins Bett genommen hätte. Aber das ging natürlich nicht. Dennoch nannten ihn alle bald nur noch „Blaustrümpfchen". Und da er nichts dagegen machen konnte, ließ er es sich eben gefallen.

Eines Tages nun rief der Vater ihn zu sich und bat: „Hallo Blaustrümpfchen, komm doch mal her. Guck mal, ich habe hier eine Plastiktüte mit Toast und Bier für deinen Großvater. Der hat wieder vergessen einzukaufen und hat nichts mehr im Haus. Gerade hat er angerufen und gefragt, ob du ihm etwas vorbei bringen könntest. Aber du sollst vorsichtig sein und ihm keine ungebetenen Gäste mitbringen, du weißt ja, wie ängstlich er ist!"

Blaustrümpfchen nickte, schob den Kaugummi von einer Backe in die andere und griff nach der Tüte.

Der Vater lächelte und ermahnte ihn: „Du weißt ja, dass mitten auf der Straße die meisten Gefahren lauern. Geh also munter drauf los und pfeif dir einen, dann wird schon niemand Angst vor dir haben." Blaustrümpfchen war nämlich längst als Raufbold bekannt, und kaum einer traute sich zu ihm, wenn er des Weges kam, alle hatten Angst.

Blaustrümpfchen versprach, artig zu sein, niemanden zu verhauen und auch keine Fremden mitzubringen und machte sich auf den Weg zu seinem Großvater.

▼ Bild 6: Der Angsthase

54

Eine Weile konnte er sein Versprechen auch wirklich halten und sah weder rechts noch links, um sich nicht ärgern zu lassen. Doch etwas ließ ihn plötzlich aufblicken: Da saß etwas am Wegesrand und wackelte zitternd mit seiner Nase. „Och, wie süüüß, ein kleines Häschen!," jubelte der Junge und hockte sich neben das zitternde Tierchen ins Gras.

Eine Weile streichelte er es sanft, dann fasste er einen Entschluss und steckte es behutsam in den Ausschnitt seiner Jacke. „Dieser Besucher ist ja nicht gefährlich, der wird dem Großvater schon nichts tun", dachte er bei sich und setzte pfeifend seinen Weg fort.

Am Hochhaus Nummer 36 angekommen, klingelte Blaustrümpfchen. Zweimal kurz, einmal lang, das war ihr Erkennungszeichen. Und richtig, der Großvater fragte durch die Sprechanlage, wer dort sei.

„Wer wohl – ich natürlich", antwortete der Junge und machte mit dem Kaugummi eine große Blase, die krachend gerade in dem Moment zersprang, als der Summer ertönte und die schwere Haustüre sich öffnete.

Im Treppenhaus fuhr Blaustrümpfchen mit dem Fahrstuhl in die siebte Etage und lief den langen Gang entlang bis zur hintersten Wohnungstüre. „Betteln und Hausieren verboten", stand da an einem großen gelben Schild mitten auf der Tür und daneben in ganz kleinen Buchstaben: Müller.

Blaustrümpfchen klopfte und wartete wieder auf ein Zeichen, dass der Großvater ihn erkannt hatte. „Hast du auch wirklich niemanden mitgebracht?" fragte es ängstlich von innen.

Blaustrümpfchen stöhnte genervt. „Nein, hab ich nicht. Und jetzt mach auf, sonst geh ich wieder." Der Großvater schaute noch einmal durch den Spion an seiner Tür, öffnete gerade so weit, dass der Junge hindurch schlüpfen konnte, und verriegelte sie dann wieder sorgsam. „Du weißt ja nie, was für ein Gesindel sich so auf den Straßen herumtreibt heutzutage", schimpfte er dabei leise vor sich hin.

Blaustrümpfchen achtete nicht darauf und streichelte vorsichtig das kleine Kaninchen in seiner Jacke. Es saß ganz warm und weich direkt an seiner Brust, und er konnte durch das Hemd hindurch seinen Herzschlag spüren. Ganz wild und schnell klopfte es.

„Aber Blaustrümpfchen, warum sagst du denn gar nichts? Du redest doch sonst immer wie ein Wasserfall?", fragte der Großvater nun verwirrt und sah ihn genau an. „Hast du Fieber? Und dein Atem geht so seltsam — ist dir nicht gut?"

„Nichts, Großvater, ist alles okay", antwortete der Knabe, doch der Großvater war damit nicht zufrieden. „Und warum hast du so eine große Beule auf deiner Brust?"

„Damit ich dir meinen Besuch zeigen kann," antwortete der Junge da, griff nach dem Kaninchen und zog es aus der Jacke heraus.

Da saß es nun, scheu und unschuldig, und trotzdem begann der Großvater, lauthals zu schreien und in der Wohnung herumzulaufen, als säße der böse Wolf persönlich in seiner kleinen Stube. „Oh nein, oh nein, er hat es getan, er hat ihn zu mir gebracht", schrie er immer wieder und versuchte, sich im Bett zu verstecken.

56

Aber das Tierchen hatte ihn erspäht, gab ein kurzes, hartes Keuchen von sich und sprang mit einem Satz hinterher.

Blaustrümpfchen war so erschrocken, dass er sich kaum rühren konnte. „Das ist doch nur ein kleines, harmloses Kaninchen, das tut dir nichts", begann er zu reden, da sah er auch schon das Tierchen auf sich selbst zulaufen und auf seinen Kopf springen.

„Nein, ist es nicht", heulte der Großvater und rieb sich seinen kahlen Kopf. „Das ist der Angsthase, der sich da an dich herangemacht hat, und nun hat er mir die Haare vom Kopf gefressen. Und deine hat er auch!"

Noch ehe Blaustrümpfchen irgend etwas dagegen unternehmen konnte, waren auch seine Haare dem hungrigen Wesen zum Opfer gefallen. Das Kaninchen leckte sich kurz die Schnauze, gab ein Geräusch von sich, das fast so klang, als wollte es die beiden auslachen, rülpste laut und verschwand dann durch das angelehnte Küchenfenster.

„Was machen wir jetzt?", wollte der Junge schließlich wissen, als er sich im Badezimmerspiegel betrachtet hatte. Alles war weg, wie ein blankpolierter Tischtennisball leuchtete sein Kopf ihm entgegen.

„Komm, wir gehen zum Frisör. Der hat immer das Fell von irgend jemand anderem im Haus und kann uns bestimmt eine Perücke machen", beruhigte ihn der Großvater. Und schon waren sie auf dem Weg dort hin.

Blaustrümpfchen vergaß für den Rest seines Lebens nie wieder, dass der Angst-

hase wie ein Kuscheltier am Straßenrand sitzt und sich in ein Haus einschleicht, um dann allen die Haare vom Kopf zu fressen. Fortan brachte er keine Überraschungen mehr mit, wenn er spazieren ging, nie wieder.

Die „Wechselgeschichte" – abwechselnd und doch gemeinsam erzählt

Sobald kleine Gruppen zusammen sind, eignet sich die Wechselgeschichte. Das Prinzip ist sehr einfach: Jeder Teilnehmer bekommt eine gewisse Erzähleinheit zugeteilt (zum Beispiel eine Minute, zwei Sätze …), in der er seinen Teil der Geschichte erzählen kann. Danach kommt der nächste dran, der durch seine „Zutaten" die Richtung der Geschichte neu bestimmt, vielleicht sogar wesentlich verändert. Danach erzählt wieder ein anderer weiter, und so fort. Besonders wirkungsvoll ist, wenn ein Erwachsener alles protokolliert und später eine richtige Geschichte daraus macht.

Diese Methode eignet sich besonders gut für alters- und geschlechtsgemischte Gruppen, da sich hier Verschiedenartigkeit und Gemeinsamkeit auf zauberhafte Weise vereinen. So habe ich schon erlebt, dass bis zu vier Generationen zugleich an einer solchen Geschichte bastelten.

Für sehr junge oder scheue Kinder kann die Methode erleichtert werden. Ähnlich wie bei der abgewandelten Rahmengeschichte kann der Erwachsene jedes Kind nach einem neuen Stichwort fragen und die Geschichte dann weiter spinnen. Diese Stichworte sollten immer an einem möglichen Wendepunkt erfragt werden, zum Beispiel:

Mutter/Vater: *Es war einmal ein …*

Kind: *… Hund. Der gehörte einem …*

58

Mutter/Vater:	... *Bauern. Der Bauer lebte in einem* ...
Kind:	... *Wald. Er fürchtete sich sehr, denn in dem Wald lebte ein* ...
Mutter/Vater:	... *böser Riese. Der Riese hatte* ...
Kind:	... *eine Frau. Diese war nicht so böse wie er, sondern* ...
Mutter/Vater:	... *war in Wirklichkeit eine verzauberte Prinzessin* ...

Nach diesem Prinzip lassen sich unendlich viele Komponenten aneinander reihen und ergeben am Ende eine selbst gemachte Geschichte, zu der jedes Kind seine Lieblingselemente beitragen konnte. Unter einer guten Gesprächsführung spielen Unterschiede in Alter, Geschlecht und Begabung plötzlich keine Rolle mehr.

◆ „Die fehlenden Einhornflügel"

Nina ist fünf Jahre alt. Sie ist zu Besuch bei ihrer Tante. Sie seufzt: Überall nur Erwachsene, kein einziges Kind zu sehen! Zum Glück sieht Tante Susanne ihr unzufriedenes Gesicht und nimmt sie auf den Schoß. „Was ist los?", fragt sie. „Langeweile?"

Nina nickt. „Alle reden immer nur, keiner hat Zeit, mit mir zu spielen."

„Na, dann könnten wir zwei doch etwas machen. Hast du Lust?"

Nina strahlt. „Was denn?"

„Was hältst du von – Geschichten erfinden?"

„Und wie geht das? So etwas habe ich noch nie gemacht."

„Ganz einfach: Einer von uns fängt an, der andere macht weiter, und so geht es hin und her. Machst du mit?"

Nina nickt. „Mama auch!", fordert sie. Also gut, die Mutter setzt sich dazu und beginnt:

Es war einmal ein Drache, der ...
... entdeckte drei Einhörner und fraß sie alle auf, mit Haut und Haaren!,

wirft Nina ein. „Das ist aber hart!" Susanne schüttelt sich. „So grausliche Sachen denkst du dir aus?"

„Geschichten müssen grauslich sein, sonst sind sie nicht spannend!", klärt das Mädchen sie auf. „Jetzt bist du dran. Kannst dir ja was ausdenken, was netter ist."

Susanne schüttelt den Kopf. „Du hast gesagt, die Einhörner sind gefressen, daran kann ich nun nichts mehr ändern. Aber ich kann sie ja wiederkommen lassen. Also ..."

Doch der Drache hatte sich etwas zu viel vorgenommen, als er alle drei Einhörner auf einmal verschlang. Sie blieben ihm im Halse stecken und er musste fürchterlich husten. Dabei kamen sie aus seinem Hals herausgeschossen und galoppierten auf seinem heißen Atem so weit sie konnten von ihm fort. Bald trafen sie auf eine andere Gruppe von Pferden. Dabei stellten sie fest ...

„So, jetzt ist Mama dran", sagte Nina. Aufgeregt beobachten Nina und Susanne, was der Mutter wohl einfallen wird. „Machst du eine spannende Geschichte oder eine lustige?", will Nina wissen.

Doch die Mutter verrät nichts. „Warte es ab", sagt sie und erzählt weiter:

... dass den Pferden auf ihrer abgelegenen Weide keine

Gefahr drohte, und schlossen Freundschaft mit ihnen. Doch während sie von ihrem Abenteuer mit dem gefräßigen Drachen erzählten, rief eines der fremden Pferde: „Ihr wollt Einhörner sein? Aber ihr habt ja gar keine Flügel!" Und tatsächlich: Bei Vater und Mutter Einhorn fehlten die Flügel, die hatte der Drache ihnen wohl geraubt, ohne dass sie es recht gemerkt hatten. Nur das Fohlen hatte seine noch, sie waren kaum beschädigt.

„Aber Mama!", klärt Nina sie auf. „Einhörner haben doch gar keine Flügel, die haben doch ein Zauberhorn an der Stirn!"

Die Mutter zuckt die Schultern. „Dieses Stück der Geschichte gehört mir, damit kann ich machen, was ich will. Und meine Einhörner haben halt Flügel. Nun mach du weiter."

Nina erzählt weiter:
Das Fohlen machte sich auf die Suche und ging zurück zu dem Drachen, um nach den Flügeln seiner Eltern zu suchen. Dort angekommen, ...

Susanne:
... kitzelte es den Drachen so lange mit seinem Schweif, bis dieser heftig zu niesen anfing. Dabei flogen die zwei Paar Flügel der erwachsenen Einhörner weit aus seinem Maul heraus ...

Mutter:
... Das kleine Einhornfohlen nahm die Flügel und machte sich rasch aus dem Staub, zurück zu seinen Eltern und den fremden Pferden auf der Weide.

61

Unterwegs wurde es von einem schweren Sturm über-
rascht und musste sich einen sicheren Platz zum Schlafen
suchen. Gar nicht einfach für ein kleines Fohlen, das
ganz allein im Wald unterwegs ist. Es suchte und suchte
und fand schließlich ...

Nina:

... ein Vogelnest im Gestrüpp. Die Vogelmutter hatte der
Sturm davon geblasen und die kleinen Eier im Nest waren
schon ganz kalt, fast wären die Küken darin gestorben.
Da erklärte sich das Fohlen bereit, die Eier auszubrüten
...

Susanne:

... Als der Sturm sich legte, stand das Fohlen auf und
sah zehn kleine Krähen unter sich liegen. Die schrien
ganz jämmerlich. „Warum schreit ihr denn?", wollte das
Fohlen wissen ...

Mutter:

... „Wir haben Hunger!", piepste es aus zehn kleinen
Kehlen.

„Was essen Krähen denn so?", überlegte das Fohlen.
„Wollt ihr vielleicht Würmer?" Doch die kleinen Krähen
schüttelten den Kopf und schrien weiter.

„Wollt ihr Körner?", fragte es. „Ich kann welche holen,
nicht weit entfernt habe ich ein Feld gesehen." Doch die
Küken waren auch damit nicht zufrieden. „Wir wollen
...

Nina:

... Hamburger", riefen sie laut. „Hol uns Hamburger!"

62

Das Fohlen machte sich also auf die Suche nach der Farm, die es im Vorübergehen gesehen hatte. Dort traf es ein Mädchen, das hatte einen Hamburger in der Hand.

„Guten Tag", sagte das Fohlen. „Kannst du mir etwas von deinem Hamburger abgeben?" ...

Susanne:
... „Warum?", wollte das Mädchen wissen. „Das ist mein Hamburger, ich habe Hunger und will ihn ganz alleine essen."

Das Einhorn erzählte ihm seine Geschichte, aber das Mädchen glaubte ihm nicht. „Pferde können nicht fliegen und auch keine Eier ausbrüten!", sagte es ...

Mutter:
... Da berührte das Einhorn sie mit seinem Zauberhorn, und auf einmal konnte das Kind sein Horn und auch die Flügel erkennen. „Du bist ja ein Einhorn, ein richtiges Einhorn", jubelte es. „Natürlich kannst du meinen Hamburger haben."

„Du sollst es auch nicht umsonst tun", antwortete das Einhorn. „Wenn ich deinen Hamburger für die kleinen Krähen mitnehmen kann, will ich dir einen Wunsch erfüllen. Welches ist denn dein größter Wunsch?" ...

Nina:
... Das Mädchen brauchte nicht lange nachzudenken. „Ein eigenes Pferd", sagte es sofort. Das Einhorn versprach, wiederzukommen und ihm dann diesen Wunsch zu erfüllen, und machte sich auf zu den Vogelkindern ...

Susanne:

... Deren Mutter war inzwischen zurückgekommen; der Sturm hatte sie weit fort getragen und es war ein mühsamer, gefahrvoller Weg zurück gewesen. Nun futterte sie mit den Vogelkindern die mitgebrachten Hamburger und kuschelten sich zufrieden zu ihnen in das Nest ...

Mutter:

... Als das Fohlen sie so sah, erinnerte es sich an seine eigenen Eltern, denen es ja die Flügel zurückgeben wollte. Es lief weiter in den Wald hinein, bis es auf die Lichtung kam. Doch seine Eltern waren nicht mehr dort. „Was ist passiert?", fragte es eine braune Stute. „Deine Eltern sind losgezogen, um ...

Nina:

... einen Papa für unsere Herde zu finden", sagte sie. „Wir sind nur Stuten mit Fohlen, wir haben keinen Hengst, der uns beschützt. Deine Eltern wollen einen finden." ...

Susanne:

... Da faltete das Einhornfohlen seine Flügel aus und flog davon. Bald sah es viele Tiere und landete. Einige der Tiere hatte es noch nie gesehen. „Wo bin ich nur?", fragte es.

„Du bist in einem Zoo", antwortete ein Tier mit einem sehr langen Hals. „Wer bist du denn?", fragte das Fohlen zurück ...

Mutter:

... Ein Tier mit einem so langen Hals hatte es wirklich noch nie gesehen.

„Ich bin eine Giraffe", antwortete das Tier. „Aber keine gewöhnliche, sondern eine Latschengiraffe. So heiße ich, weil ich genauso lange Beine habe, wie mein Hals lang ist, und ich deshalb enorm große Latschen brauche."

„Kannst du ein Papa für eine Herde Stuten und Fohlen sein?", fragte das Fohlen. Doch die Giraffe schüttelte den Kopf. „Tut mir Leid, mein Freund, das geht leider nicht." ...

Nina:
... Traurig ging das Fohlen weiter durch den Zoo. Doch wohin es auch kam, niemand wollte Papa für die Pferde werden, der Hai nicht und auch der Löwe nicht ...

Susanne:
... Schließlich sah es den Elefanten, und der erklärte sich bereit, wenigstens so lange auf die Pferde aufzupassen, bis eines der Einhörner einen Papa für sie gefunden hatte ...

Mutter:
... Das Einhorn schnallte ihm alle Flügel an, denn er war ja sehr groß und schwer, und brachte ihn ruckzuck zu der Lichtung.

Von dort aus setzte es seine Wanderung fort und sah sich alle Pferde, die es traf, genau an. Es könnten ja seine Eltern sein, die ohne ihre Flügel wie andere Pferde auch auf der Erde bleiben mussten. Oder es könnte ein junger, starker Hengst sein, der eine Familie suchte ...

Nina:
... Schließlich fand es ein schwarzes Pferd, das ganz alleine auf einem Berg stand. „Was machst du hier?",

fragte das Fohlen. „Ich suche etwas zu tun", antwortete
der junge Hengst. „Ich langweile mich."

„Möchtest du vielleicht eine Familie haben und auf sie
aufpassen?", fragte das Fohlen. Der Hengst wieherte
aufgeregt und sagte ja. So brachte das Fohlen ihn auf
dem kürzesten Weg zurück auf die Lichtung ...

Susanne:

... Dort warteten schon seine Eltern, die bei ihrer Suche
kein Glück gehabt hatten. Sie zogen rasch ihre Flügel an.
Dann brachten sie gemeinsam den Elefanten zurück in seinen Zoo, bedankten sich bei ihm und flogen weiter zu dem
Mädchen auf der Farm. Eines der Fohlen aus der Herde
hatte sich bereit erklärt, bei dem Mädchen zu bleiben, und
begeistert rieb es seine weiße Nase an dessen Schultern.
Das Mädchen war glücklich und winkte den Einhörnern
nach, als sie nun auf ihren silbernen Schwingen zurück in
den Himmel flogen, wo ihre Zauberwiese auf sie wartete."

◆ „Die Magd als Ritter"

Alexandra und ihre Mutter sitzen in der Pizzeria und warten. „Noch mindestens eine halbe Stunde", hat der Kell-
ner gesagt und bedauernd mit den Schultern gezuckt.

Alexandra zieht einen Schmollmund. „Mir ist langweilig", klagt sie.

„Soll ich dir ein Märchen erzählen?", fragt die Mutter.

Doch Alexandra schüttelt den Kopf. „Die kenn' ich alle
schon", behauptet sie.

Die Mutter lacht. „Das glaub ich zwar nicht so ganz",
sagt sie, „aber was hältst du davon, wenn wir ein ganz
neues machen?"

Alexandra nickt zwar, doch ganz geheuer ist ihr der Vorschlag nicht. „Ein neues Märchen machen – wie geht denn das?"

„Ganz einfach", behauptet die Mutter. „Einer von uns fängt an, erzählt ein paar Sätze, und dann muss der andere weiter machen."

„Ich fang an", ruft Alexandra.
Es war einmal …

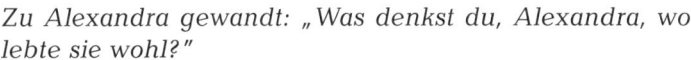

Die Mutter fährt fort:
… eine Magd. Die lebte in …

Zu Alexandra gewandt: „Was denkst du, Alexandra, wo lebte sie wohl?"

Alexandra braucht nicht lange nachzudenken.
… in einem Königsschloss natürlich. Dort war sie das Dienstmädchen der Königin.

Mutter:
In dem Schloss gab es aber ein großes Geheimnis: In seinem Keller war ein wertvoller Schatz vergraben, und zwar: …

Alexandra:
… eine Kiste voll Gold. Die Magd entdeckte eines Tages durch Zufall den Schatz und wollte ihn gern für sich behalten, denn sie war sehr arm. Aber sie hatte nichts, worin sie ihn hätte tragen können. Also nahm sie einen Kartoffelsack, den sie in der Ecke liegen sah, und leerte ihn aus. Statt der Kartoffeln legte sie das Gold hinein und begab sich wieder hinauf. …

Mutter:

… Sie hatte beschlossen, das Gold nicht dem König zu geben, in dessen Keller sie es gefunden hatte. Denn der war ein sehr böser König und gar nicht nett zu seinen Untertanen. Er war geizig und wollte immer alles für sich behalten, die anderen mussten hungern …

Alexandra:

… So schlich die Magd durch das Schloss und suchte einen Weg nach draußen, denn nach diesem Vorfall konnte sie natürlich nicht mehr im Schloss bleiben. Auf ihrer Suche fand sie …

Mutter:

… eine Ritterrüstung. Die Magd zog die Rüstung schnell an und stellte fest, dass sie ihr wie angegossen passte. Auf einem Schild am Helm stand etwas geschrieben: „Ritter Kasimir, der 357." Sie fand den Namen gut und beschloss, sich ab sofort nicht mehr anders zu nennen, bis sie ein neues Zuhause für sich und ihr treues Pferd Feline gefunden hätte. Doch leider musste die Magd feststellen, dass …

Alexandra:

…der Helm nicht über ihr langes, goldenes Haar passte. Also nahm sie schweren Herzens das Schwert und trennte ihren Zopf ab. Da die Haare aber sogar hier im dunklen Keller leuchteten wie Gold, versteckte sie sie eilig in ihrem Kartoffelsack. So könnte sie die Haare hergeben, falls der König sie erwischte und ihre Beute verlangen würde, und den Schatz behalten.

Vorsichtig ritt die Magd auf ihrem treuen Pferd durch den Schlosshof. Leider wurde sie entdeckt und da der

König sie in ihrer Verkleidung nicht erkannte und für einen fremden Ritter hielt, wurde sie gefangen genommen. „Was hast du da in deiner Tasche?", fragte der König grimmig und drohte ihr mit dem Tod ...

Mutter:
... Der Magd fiel zum Glück ein, dass der König große, ja entsetzliche Angst hatte vor Drachen. So erzählte sie: „Ich habe in eurem Keller einen goldenen Drachen entdeckt, edler Herr. Er war gar grässlich anzusehen, voller langer, goldener Haare wie aus Feuer. Es war, als würde er in Flammen stehen. Wollt Ihr ihn sehen?"

Der König wusste nicht so recht, was er machen sollte. Da öffnete die Magd den Kartoffelsack und zog den abgeschnittenen Zopf hervor. Und da in dem Sack vorher Kartoffeln und Dreck gewesen waren, sah das Haar fleckig und wirklich schauderlich aus. Der König dachte wahrhaftig, er habe den Kopf eines echten Drachen vor sich gesehen, und fiel schreiend in Ohnmacht.

Die Berater des Königs baten die Magd, die sie nun für einen berühmten Drachentöter hielten, das Schloss schnell zu verlassen, bevor der König wieder zu sich kommen würde, um ihm eine erneute Ohnmacht zu ersparen. Sie beschenkten den vermeintlichen Ritter zum Lohn für seine großen Dienste sogar mit noch mehr Gold, das die Magd zusammen zu den anderen Schätzen in ihren Sack gab.

In ihrer Verkleidung erlebte die Magd nun viele Abenteuer. Sie erlegte Drachen, tötete Horden von Räubern und wilden Kriegern, besiegte Ungeheuer, befreite Prinzessinnen und ...

Alexandra:

... rettete manchem verlorenen Ritter das Leben. Eines Tages führte ihre lange Reise sie wieder zurück zu dem Schloss des alten Königs. Sie erinnerte sich an den Streich, den sie ihm gespielt hatte, und war neugierig, wie es ihm wohl ergangen war. Zum ersten Mal seit Jahren löste sie ihr langes, goldenes Haar, das längst wieder nachgewachsen war, und packte ihre schönen Kleider aus. Dann ritt sie in das Schloss. Dort erfuhr sie, ...

Mutter:

... dass der alte König damals vor Schreck und Angst gestorben war, nachdem er glaubte, er habe einen leibhaftigen Drachenkopf gesehen. Statt seiner regierte längst sein Sohn, ein mutiger und junger Ritter, der immer gut zu seinem Volk war. Deswegen hatte er auch gerade kein Geld mehr, um ihnen Brot zu kaufen, denn er hatte schon alles verschenkt.

Die Magd ging zu ihm hin und erzählte ihm alles, wie es sich wirklich zugetragen hatte. Zum Beweis nahm sie den alten Kartoffelsack aus ihrem Gepäck. Sie griff hinein und holte das Büschel Haare hervor, das der König für einen Drachenkopf gehalten hatte. Sie schenkte dem armen Prinzen ihr ganzes Gold, das ja eigentlich dem alten König gehört hätte. Der junge, nette Prinz staunte und heiratete sie, und gemeinsam regierten sie noch viele Jahre lang glücklich und weise.

Die „Patchwork-Geschichte" –
aus Einzelteilen etwas Neues machen

Mit dem Begriff „Patchwork" bezeichnet man Handarbeiten, die aus mehreren Stücken verschiedenartiger Materialien und Farben zusammengesetzt sind. Solche Decken oder Kissen bestechen durch das Zusammenspiel ihrer verschiedenen Muster.

„Patchwork"- oder auch Sammelgeschichten setzen sich ebenfalls aus verschiedenen, nach einer bestimmten Vorgabe ausgesuchten Stichworten zusammen. Auch hier finden wir die Situation vor, dass Begriffe, die zunächst in keinerlei Zusammenhang zu stehen scheinen, im Dienste eines großen Ganzen zusammengeführt werden müssen. Im Unterschied zur Wechselgeschichte, in der die Stichworte an jeder Stelle neu erdacht und gleich eingefügt werden, legt man hier alle wesentlichen Bausteine im Voraus fest und entwickelt dann die Handlung dazu.

Diese Methode, gemeinsam mit Kindern Geschichten zu erfinden, braucht einen phantasievollen Erzähler, der die Kinder, welche nur am Anfang selbst aktiv sind, fesseln kann. So erleben die Kinder, wie aus scheinbar völlig unwichtigen und nebensächlichen Details, die sie selbst ins Spiel gebracht haben, etwas Neues, Ganzes wächst.

◆ „Das Pizzamonster"

Sarah und Lukas sitzen vor dem Fernseher. Frisch gebadet und in ihre Bademäntel gehüllt, starren sie fasziniert in die Röhre. Sie spielen „Reklame-Raten": Wer zuerst errät, welche Reklame gerade läuft, gewinnt einen Punkt.

Sarah hat schon sechs Punkte, Lukas erst zwei. Katja,

die auf die Beiden aufpasst, tröstet ihn: „Sarah ist ja auch schon sieben, die hatte zwei Jahre mehr Zeit zum Üben als du." Lukas nickt und schluckt die aufsteigenden Tränen herunter.

„Was haltet ihr zwei denn davon, wenn wir mal ein neues Spiel mit Reklame machen?", fragt Katja.

„Kennst du denn eines?" Die Geschwister sehen die Nachbarin an. Was kann man mit diesen kleinen Filmen denn sonst noch spielen?

„Das Spiel heißt ,Patchwork'. So nennt man in England die Decken, die aus vielen verschiedenen Stoffresten zusammengenäht wurden. Das kann man auch mit Reklame machen." Katja lacht. „Wir nehmen die nächsten fünf Reklamen und schreiben sie auf. Dann machen wir eine schöne Geschichte daraus. Habt ihr Lust?"

Klar haben sie – ein neues spannendes Spiel! Logo! Sie nicken einmütig. Los geht's. Lukas sagt, was kommt, und Sarah schreibt es auf. Zuerst erscheint im Fernseher ein Geist, der aus einer Flasche mit Reiniger kommt.

„Gespenst", ruft Lukas.

„Nein, Putzmittel", sagt Sarah.

Katja schlichtet: „Schreib einfach beides auf!"

Na gut. Als nächstes sieht man Werbung für einen Kinofilm und für eine Waschmaschine – diesmal sind die Geschwister sich einig. Dann noch Tiefkühlpizza, ein Auto und Waschpulver – fertig. Am Ende steht auf Sarahs Zettel:

Gespenst ◦ Seife ◦ Kino ◦ Waschmaschine ◦
Pizza ◦ Auto ◦ Waschpulver

Wie Katja daraus nun eine Geschichte hinkriegen will? Gebannt starren die Geschwister sie an. Katja lacht. „Nun guckt nicht so ungläubig, ich weiß schon was. Hört gut zu:

Es war einmal ein kleines Gespenst, das wollte gerne ein Monster werden. Kein popeliges Nachtgespenst mit weißem Bettuch über dem Kopf und auch kein durchsichtiger Geist, der nette Leute in alten Schlössern erschreckt, nein: Es wollte ein richtiges ekliges Monster sein!

Der Gespensterlehrer war verzweifelt. „Was soll ich nur mit dir machen?", fragte er. „Du bist doch viel zu klein und viel zu nett, als dass aus dir ein richtiges Monster werden könnte!" Nach langem Nachdenken fiel ihm endlich eine Lösung ein: „Ich glaube, ich weiß, wie ich dir helfen kann", strahlte er. „Wenn du es schaffst, jemanden so sehr zu erschrecken, dass er laut schreiend davonläuft und ruft: ‚Hilfe, ein Monster, ein Monster!', dann hast du die Prüfung bestanden."

Das kleine Gespenst seufzte. Das ist aber schwer!, dachte es. Doch es wollte diese Prüfung unbedingt bestehen. Nur als Monster kann man es heute noch zu etwas bringen, davon war es überzeugt. Geister und Gespenster erschrecken schon längst niemanden mehr.

Schließlich krabbelte es durch eine Steckdose in eine kleine Hochhauswohnung. Dort, so glaubte es, lebten so viele Menschen, da würde es bestimmt jemanden finden, der Angst vor ihm hatte.

Doch dummerweise war das kleine Gespenst, das so gerne ein Monster werden wollte, in eine Wohnung geraten, die für seinen Plan so ganz und gar ungeeignet war. Denn in ihr wohnte „Kino, der Abgebrühte". Kino war natürlich nicht sein richtiger Name, aber er wurde von

73

allen so genannt, weil er den ganzen Tag und häufig auch noch die halbe Nacht hindurch vor dem Fernseher saß und sich Kinofilme ansah. Auch solche, die eigentlich gar nicht für Kinder geeignet sind. Deshalb hatte er vor nichts Angst. „Vor überhaupt nichts", brüllte er gerade und sah zu einer Frau hinüber, die in der Küche Wäsche sortierte. „Und schon gar nicht vor so einem blöden Film."

Doch die Frau – es schien seine Mutter zu sein – blieb unerbittlich. „Du wirst diesen Film heute nicht sehen, er ist wirklich zu scheußlich."

Oh je, oh je!, dachte das arme kleine Gespenst, wo bin ich denn da nur hingeraten? Doch da es sich ganz fest vorgenommen hatte, heute noch ein Monster zu werden, wollte und musste es sich jetzt etwas einfallen lassen.

Die Frau öffnete die Waschmaschine. „Na, daraus lässt sich doch bestimmt was machen", freute sich das kleine Gespenst und schlüpfte in die Trommel. Es schnappte sich ein paar Wäschestücke, knotete sie geschickt zusammen und begann, mit ihnen zu tanzen und Grimassen zu schneiden.

Leider schien niemand das zu bemerken. Zwar blickte Kino hin und wieder verunsichert zu ihm herüber, doch Angst schien er keine zu haben.

Das Spiel war so lange witzig, bis mit einem „Klack!" das Waschpulver in die Trommel rieselte. Jetzt musste das kleine Gespenst spucken und keuchen und seine Grimassen waren nun wirklich zum Fürchten. Als es kaum noch Luft bekam, lief es sogar rot an.

„Guck mal, Mama, du hast einen roten Lappen in die weiße Wäsche getan", rief Kino und zeigte auf die Waschmaschine. Die Mutter begann zu schreien. Doch für das kleine Gespenst war das noch kein Grund zur Freude: Es war lediglich ein Entsetzensschrei über die verdorbene Wäsche, welcher der Hausfrau aus dem Hals schlüpfte. „So ein Mist!", schimpfte sie. „Da kann ich die ganzen Sachen glatt noch mal waschen. Konntest du mir das nicht früher sagen?" Sie stoppte das Programm, öffnete die Tür und riss die nasse Wäsche aus der Trommel. „Wo ist denn nun der rote Lappen?", hörte das kleine Gespenst sie aufgebracht rufen. Es machte sich schleunigst wieder unsichtbar und flutschte auf den Boden. Das hatte nicht geklappt, doch es wollte auf keinen Fall aufgeben.

Schon kam ihm eine neue Idee. Es setzte sich in ein Spielzeugauto, das auf dem Fernseher stand, und begann damit herumzufahren. Dabei nahm es die schrecklichste Gestalt an, die es je gesehen hatte: Eine Mischung aus Drachen und Frankenstein. Schaurig schön!

Doch Kino war ganz anderer Ansicht. „Guck mal, Mama, Peer hat vorhin sein Spielzeug vergessen, und nun spielt die Bullerie verrückt." Er nahm das Auto in die Hand und betrachtete es ausgiebig. „Wie hat er das bloß ans Laufen gekriegt?", wollte er wissen und fummelte an dem Ding herum.

Unser kleines Gespenst bekam es ganz schön mit der Angst zu tun und verwandelte sich vorsichtshalber wieder in Luft. Entdeckt werden durfte es auf keinen Fall, zumindest nicht ohne einen Schreckensschrei, sonst war sein Gespensterexamen verloren.

Eigentlich hatte es schon damit abgeschlossen, jemals ein richtiges Monster werden zu können, da klingelte es an der Haustür. Ein junger Mann kam herein und brachte eine herrlich riechende Pappschachtel. Was da wohl drin sein mochte? Das kleine Gespenst schlich zum Tisch, hob den Deckel ein ganz klein wenig an und schnupperte. Hmm, wie das duftete! Jetzt erst merkte es, wie hungrig es war. Es schlüpfte in den Karton und begann zu naschen. Vor Vergnügen hörte man es schmatzen.

„Mama, da ist was in meiner Pizza drin", klagte Kino. Es hörte sich ein bisschen wütend und ein bisschen ängstlich an.

Die Mutter lachte ihn aus. „Da kennt mein Sohn alle Horror- und Monstergeschichten auf der Welt und hat Angst vor einer Pizza", lachte sie. „Guck rein, dann weißt du es."

Der Junge öffnete vorsichtig den Deckel, blickte hinein – und warf die Pappschachtel in hohem Bogen weit von sich. Dabei schrie er in einem fort, so dass man gar nichts verstehen konnte.

Was war passiert? Das kleine Gespenst, noch immer unsichtbar, hatte schon fast die halbe Pizza verdrückt, so gut schmeckte sie ihm. Kino, hungrig wie ein Wolf, hatte nur gesehen, wie ein großer Bissen nach dem anderen riesige Löcher in seine Pizza riß, wie ein Pizzateil nach dem anderen verschwand …

„Aaahhh, Mama, ein Monster, ein unsichtbares Monster", schrie er aus Leibeskräften. „Was denn für ein Monster?", fragte die Mutter erschrocken.

„Ein Pizzamonster", brüllte Kino wieder. „Es frisst meine Pizza, das ist gemein!" Laut schreiend rannte er aus dem Zimmer.

Und unser kleines Gespenst? Es stolzierte die ganze Nacht hindurch in den Kellern der Stadt herum und rief seinen neuen Namen in die Luft: „Ich bin das Pizzamonster! Huhuhuuu, hört ihr mich? Ich bin es, das Pizzamonster!"

◆ *„Die Prinzessin im Wolfspelz"*

Vorgaben der Kinder (Lieblingsstellen aus ihren Lieblingsmärchen):
– Ein Prinz küsst eine Prinzessin (Dornröschen)
– Die (sieben) Zwerge weinen
– Der Jäger erschießt den Wolf
– Der Wolf frisst das Mädchen (Rotkäppchen)
– Da kam eine gute Fee (Dornröschen)
– Die Vögel webten ein Kleid (Aschenputtel)
– Das Mädchen (Aschenputtel) geht zum Ball

Es war einmal ein Prinz, der liebte seine Prinzessin vom Dornenbusch über alles. Sie war das netteste und hübscheste Mädchen weit und breit, und ihre Eltern vom Nachbarland regierten ihr Land schon seit vielen Jahren gut und weise.

Die Magd der Prinzessin aber war eine böse und hinterhältige Person. Sie war die Tochter des bösen Zauberers. Sie war auch in den Prinzen verliebt und wollte ihn unbedingt heiraten. Ihr Vater wollte das auch, denn dann hätte er ungestört über das ganze Land herrschen können. Deshalb verzauberte er die gute Prinzessin so dass ein Kuss des Prinzen sie in einen Wolf verwandelte und seine eigene Tochter in die Gestalt der guten Prinzessin.

Der Prinz wunderte sich zwar, als ein großer Wolf aus seinem Schloss lief, doch er meinte, dass es nur ein wildes Tier sei und schickte seine Jäger hinter ihm her.

Eine kleine Fee hatte alles beobachtet und wollte den Zauber lösen. Da entdeckte die böse Zauberstochter die Fee und verbannte sie in eine Zauberkugel. Dort musste sie nun sitzen und konnte nichts tun. Der Prinz aber, der meinte, seine geliebte Prinzessin in den Armen zu halten, setzte noch für den nächsten Tag die Hochzeit an.

Da weinten die Diener der guten Prinzessin sehr, die durch den Zauberspruch alle in kleine Zwerge verwandelt worden waren und sich im Wald versteckt hielten. Als der Jäger die arme Wölfin mit einem sicheren Schuss verwundete, sprangen sie auf und retteten das große Tier.

Nach einer Nacht und einem Tag Pflege sprang die verzauberte Wölfin wieder auf und schüttelte sich. „Ich muss meinen Prinzen vor dieser bösen Frau retten", sagte sie und machte sich auf den Weg in das Schloss. Dort konnte sie gerade noch sehen, wie der Prinz der falschen Braut die Hand reichte, um sie zu heiraten. Mit einem heiseren Knurren sprang die gute Prinzessin dazwischen und fraß die falsche Braut einfach auf. Dabei fiel die Zauberkugel zu Boden und die kleine Fee konnte sich befreien. Sie löste den bösen Zauber und im Nu war alles wieder wie früher: Die Prinzessin war wieder sie selbst, und auch ihre Diener und Dienerinnen hatten ihre alte

Gestalt wieder. Voller Freude begannen sie, zu nähen und mit Hilfe vieler Vögel und ihren bunten Federn das schönste aller Kleider zu weben. In diesem schritt die Prinzessin nun zum Hochzeitsball und war die schönste Braut, die man je gesehen hatte. Sie heiratete ihren Prinzen und regierte gemeinsam mit ihm viele Jahre lang das Land.

Situationsbezogene Geschichten –
hinter jeder Aufgabe wartet ein Abenteuer

Wer Kinder betreut, kennt diese Situation: Nach schlimmen Träumen oder schwer zu verstehenden Ereignissen sollen Sie diese ihrem Kind plausibel erklären. Vor einer Aufgabe wie zum Beispiel dem Aufräumen müssen Sie es motivieren. Wie kann man nun diese Situationen in eine Geschichte oder ein Spiel einbetten?

„Kreativität" bedeutet nicht unbedingt, bildnerisch tätig zu werden, sondern vielmehr die Fähigkeit, mit all den ungeplanten Anforderungen des Alltags umgehen zu können. Versuchen Sie einfach, das Leben mit kleinen Geschichten zu bereichern, wie Sie es vielleicht aus Ihrer eigenen Kindheit kennen.

Situationsbezogene Geschichten sind meistens kleine Stories, kurze Ideen aus wenigen Sätzen, die Ihnen spontan in den Sinn kommen. Wenn sie Ihnen und den Kindern gefallen, greifen Sie sie in vergleichbaren Situationen wieder auf und feilen Sie daran, bis sie entweder perfekt sind (aufschreiben!) oder ihren Zweck erfüllt haben.

Es folgen einige Beispiele für situationsbezogene Stories, die sich im Laufe der Zeit zu ausgereiften Geschichten entwickelt haben.

◆ Aufräumgeschichten

„Aufräumen" war schon in meiner Kindheit ein Reizwort und wird es wohl immer bleiben. Wie schön war mein Zimmer, wenn alles griffbereit um mich herum verteilt war: Die Puppen lagen so, wie ich zuletzt mit ihnen gespielt hatte, der Kasper hielt noch den Stock in der Hand, mit dem er gerade das Krokodil verhauen hatte, die Hundepostkarten lagen nach Rassen sortiert auf dem Teppich und lachten mich an. Ich konnte ihren warmen Atem förmlich spüren und war glücklich.

Aber wie wenig freundlich sah mein Zimmer jedes Mal aus, nachdem meine Mutter es „aufgeräumt" hatte: Kein Spielzeug lag mehr da, wo ich es hingelegt hatte, alles war in Kisten und Regalfächer verstaut, nichts erinnerte mehr an die seligen Stunden der Wochen zuvor, als ich mitten in dieser kleinen Welt gespielt und gelebt hatte. Wie schade!

Aufgaben aller Art, die Hausaufgaben erledigen, den Mülleimer ausleeren, können zu einem Abenteuer werden, wenn man kleine Geschichten dazu erfindet, die der Sache einen Sinn und Spannung verleihen. So wird der Gang in den Keller zu einem Abenteuer, wenn Ritter Tunichtgut mit seinem Pappschwert die Treppen hinunter steigt und dort nach Drachenspuren sucht. Die Wasserflaschen werden zur Beute, das Spinnennetz an der Wand zur verräterischen Spur.

Selbst der Zahlensprung über und unter zehn verliert seinen Schrecken mit einer Geschichte: Ein kleiner Kobold läuft im Wald herum und sucht Edelsteine. Er kann aber immer nur höchstens zehn Steine in seinem Rucksack tragen. Die anderen, ebenfalls höchstens zehn, muss er in seinen Händen halten. Wenn er jetzt bereits 8 Diamanten gefunden hat und noch vier dazu bekommt – wie viele hat er dann im Rucksack und wie viele in seiner Hand? Im Folgenden ein Beispiel für eine Aufräumgeschichte.

◆ *„Kaspers Abenteuer"*

Katharina ist sechs Jahre alt und schmollt. Sie soll ihr Zimmer aufräumen, hat der Vater gesagt. Sie hat aber keine Lust. Da kommt Lars, ihr großer Bruder, ins Zimmer. Er ist schon sechzehn und Katharina liebt ihn sehr.

„Na, Kleine? Stress gehabt wegen deinem Zimmer?", fragt er verständnisvoll.

Katharina nickt. „Ich find alles prima so", beschwert sie sich.

Lars nimmt den Kasper in die Hand. „Kennst du eigentlich die Geschichte vom Kasper und der Chaos-Armee?", fragt er geheimnisvoll.

Katharina bekommt große Augen. „Nee, hab ich noch nie gehört", gibt sie zu. „Was ist das denn?"

„Also gut, ich erzähle es dir. Aber nur unter einer Bedingung: Du musst alles nachmachen, was ich erzähle, denn nur dann kann Kasper gegen die Chaos-Armee gewinnen. Machst du mit?"

Klar macht Katharina mit. Bei Geschichten immer. Lars beginnt:

Eines Tages rief der Puppenkönig alle seine Untertanen zu sich. „Hört einmal her", rief er aufgeregt, „es ist ein schlimmes Unglück über uns hereingebrochen. Der König vom Nachbarland Chaos hat uns den Krieg angesagt."

„Nun musst du die Kasperle-Puppen alle zusammenlegen", weist Lars seine kleine Schwester an. Katharina sammelt sie folgsam ein und legt sie zusammen.

Die Kasperle-Puppen liefen aufgeregt zusammen und jammerten ängstlich. Der König des Landes Chaos war ein schrecklicher Herrscher, bei dem alles durcheinander geriet und nichts mehr wiederzufinden war, weil er Ordnung nicht leiden konnte. Dementsprechend wussten die Leute seines Reiches nie, wann es etwas zu essen gab, wann es Zeit für die Schule war oder wohin sie ihre Socken gelegt hatten.

Der Kasper hatte von alledem nichts mitbekommen, denn er hatte am Fenster gelegen und geschlafen. Nun hörte er den Aufschrei der anderen und kam herunter, um zu hören, was denn los sei.

Katharina nimmt die Kasperpuppe vom Fenster und bringt sie zu dem König und den anderen.

„Das ist doch kein Problem", lachte er, nachdem er sich alles angehört hatte. „Wir schlagen sie einfach mit ihren eigenen Waffen. Wenn wir nämlich wissen, wo alles liegt, können wir ihn ganz einfach aus dem Land werfen."

Die anderen waren nicht sicher, ob sie ihm glauben sollten, wollten aber gerne mitmachen.

„Zuerst gehen alle Kasperle-Puppen zusammen in ihre Schublade", ordnete der Kasper an.

Katharina legt sie sorgfältig zusammen.

„Der Chaoskönig kann uns nämlich nur gefangen nehmen, wenn wir uns einzeln herumtreiben. Jetzt sind die Bücher dran: Auch ihr müsst beieinander bleiben, damit er euch nicht einfangen kann. Los, hopp hopp, auf ins Bücherregal!"

82

Katharina läuft geschwind hin und her und stellt alle Bücher sorgfältig ins Regal.

„Besonders gierig ist der Chaoskönig auf Müll", erklärt der Kasper weiter. „Das ist sein absolutes Lieblingsessen, das macht ihn und seine Soldaten so richtig stark."

Lars sieht sich prüfend um und runzelt die Stirn. „In diesem Zimmer hätte er wohl genug zu essen, um dick und fett zu werden", sagt er. „Das sollten wir ändern!" Er springt auf und hilft seiner kleinen Schwester, die vielen Bonbon-Papiere und bemalten Blätter in den Mülleimer zu werfen.

„Aber wird der Chaoskönig sie dort nicht finden?", fragt Katharina skeptisch. „Es ist doch noch genauso viel da wie vorher."

„Schon", antwortet Lars geheimnisvoll, „aber wenn der Müll dort ist, wo er hingehört, dann kann der Chaoskönig ihn nicht sehen. Und selbst wenn er ihn fände, würde es ihm nicht mehr schmecken. So ist das mit ihm."

Nach und nach verschwinden alle Spielsachen auf ihren Platz: Die Barbie-Puppen liegen in der grünen Kiste, die Spielzeugpferde in der blauen, der Karton mit Katharinas Steinesammlung und der Diddl-Ordner stehen im Regal. Alles hat irgendwo ein Plätzchen gefunden, nichts liegt mehr herum, und trotzdem sieht das Zimmer nicht langweilig aus.

Da ruft die Mutter aus der Küche: „Na, was macht ihr da? Räumt ihr auf?"

„Nein", ruft Katharina erschrocken, „wir spielen noch."

Die Mutter öffnet die Tür, um zu schimpfen. Da entspannt sich ihr Gesicht: „Ihr seid ja schon fast fertig", lobt sie. „Na dann ist ja alles in Ordnung."

Katharina und Lars blicken sich an und lachen.

„Der Chaos-König ist besiegt",

sagt Lars und wuschelt ihr einmal durch das Haar.

Er hatte keine Lust auf das Land des Puppenkönigs und geht lieber nach nebenan, um zu sehen, ob es dort etwas zu erobern gibt.

Ich muss gut aufpassen, in meinem Zimmer gibt es jetzt sicherlich viel mehr für ihn zu futtern als bei dir. Und nun komm essen, Kleine."

Katharina dreht sich noch einmal um. Kasper, die einzige Figur, die nicht in der Schublade liegt, sitzt auf der Fensterbank und scheint zu grinsen. Sie meint fast, er würde ihr zublinzeln …

Das ist bestimmt nur Einbildung, denkt Katharina. Doch vor dem Chaoskönig will sie sich in Zukunft gut in Acht nehmen, damit er in ihrem Zimmer keinen Platz findet. Denn eigentlich ist es dort ganz in Ordnung, wie es jetzt ist.

◆ *Traumgeschichten*

Die Welt der Träume, in der sich Erlebtes und Unglaubliches, ja Unmögliches und manchmal auch Erschreckendes mischt, jagt nicht nur Kindern oft genug Angst ein. Selbst manchem Erwachsenen ist es ein Gräuel, dass er auf die Dinge, die während seines Schlafes geschehen, keinen Einfluss hat. Wie bedrohlich müssen erst Kindern Albträume erscheinen, wenn nicht einmal die Erwachsenen, die sonst immer alles verstehen und erklären können, darauf Einfluss haben! Doch mit reifendem Verstand wächst auch die Fähigkeiten, nach möglichen Antworten zu suchen.

Für Kinder bis ins Grundschulalter eignen sich noch keine wissenschaftlichen Erklärungen der Schlafphasen, sondern Geschichten, welche die abgrundtiefe Furcht vor dem Unbegreifbaren und Unbeeinflussbaren zum Thema haben. Wie bei allen Ängsten hilft es letztlich am besten, sie zu benennen, ihnen „ein Gesicht" zu geben und dadurch berechenbar und durchschaubar zu machen. Egal ob Monster oder Gespenster, Hexen oder andere Unholde die Träume unserer Kinder bevölkern, sie brauchen einen Namen und eine persönliche Geschichte, damit sie nicht mehr so anonym und damit mächtig erlebt werden. Wie aber kann eine solche Geschichte aussehen?

Grundlage ist, wie zuvor gesagt, dass entweder die wiederkehrende Hauptfigur oder die Träume selbst mit positiven Emotionen besetzt werden, um sie weniger fremd und damit weniger bedrohlich erscheinen zu lassen. Werden sie darüber hinaus mit Geschichten und Erlebnissen belegt, welche die Kinder aus eigener Erfahrung kennen, fällt die Identifikation mit ihnen und damit der Prozess der Akzeptanz viel leichter.

Mitleid zum Beispiel ist eine Emotion, die sich hervorragend für den Umgang mit Albträumen und damit der Angst überhaupt eignet. Mithilfe dieser Emotion wird der Kreislauf aufgebrochen und eine Auseinandersetzung mit der eigentlichen Angst ermöglicht. Und da Kinder noch einen sehr universellen Zugang zu den Bildern der Phantasie- und Märchenwelt haben, können sie diese Prozesse problemloser vollziehen als die meisten Erwachsenen. Die nun folgende Geschichte soll beispielhaft einen möglichen Weg zeigen, wie man mit solchen angstbesetzten Figuren und Situationen umgehen kann.

◆ *„Die vertauschten Träume"*

Es ist fast Mitternacht. Die kleine Julia ruft schluchzend
nach ihrer Mutter. Besorgt kommt diese ins Zimmer und
fragt, was los sei.

„Ich hatte einen schlechten Traum", schluchzt die 6-Jäh-
rige.

Die Mutter versucht, sie zu beruhigen und legt sich für
eine Weile neben sie. Das hilft dem Mädchen. Sie beruhigt sich langsam und hört auf zu zittern. Was sie ge-
träumt hat, weiß sie gar nicht mehr, nur an die Angst kann
sie sich noch lebhaft erinnern. Nachdem sie eine Weile
geredet haben, bittet Julia um eine Geschichte.

„Was für eine Geschichte?", fragt die Mutter aufmerk-
sam.

Julia weiß darauf gar keine richtige Antwort. „Eine
über Träume?", fragt sie schließlich unsicher.

„So, über Träume … Nun, lass mich einmal nachdenken." Der Blick der Mutter gleitet suchend über die Wän-
de und bleibt bei einem Poster hängen: Auf einer grünen
Weide sieht sie eine Schimmelstute mit ihrem schwarzen
Fohlen ruhig grasen.

Es war einmal ein kleiner Traum. Er hatte noch nicht viel
Übung darin, Nachtgeschichten zu den Menschen zu bringen. Deshalb bekam er für den Anfang die Adresse eines
kleinen Mädchens, das Alexandra hieß. Die kleineren
Kinder haben nämlich noch nicht so lange Träume wie
die großen, dafür aber viele kleine.

Unser kleiner Traum sollte also Alexandra eine Geschichte bringen. Er hatte eine
wunderschöne Geschichte ausgesucht: Eine
weiße Stute stand auf einer Wiese und neben ihr hüpfte munter ein drolliges klei-

nes schwarzes Fohlen herum. „Das ist aber ein schöner Traum", dachte er bei sich, „da wird Alexandra sich bestimmt freuen. Wo sie Pferde doch so gerne mag!'"

„Klar", erwiderte der Sandmann. „Sie liebt Pferde über alles, deshalb darf sie heute davon träumen." Als Chef der Träume musste er es ja wissen.

Der kleine Traum nahm glücklich seinen Zettel mit der Adresse des Mädchens und machte sich auf den Weg. Dabei spielte er ein wenig mit der Stute und dem Fohlen herum. Beinahe hätte er vor lauter Spielen den Weg verpasst. Gerade noch rechtzeitig sah er sich um: Hier war nicht das Haus, das er erwartet hatte, sondern tiefer, dunkler Wald. Schnee glitzerte auf den Ästen der Tannen und der Mond gab sein silbernes Licht dazu.

„Wo muss ich jetzt nur hin?", überlegte unser kleiner Traum und blickte sich suchend um. Irgendwo musste er doch einen Hinweis finden! Da hörte er hinter sich jemanden lachen und entdeckte einen anderen Traum, der auch nicht viel größer war als es selbst.

„Nanu, was machst du denn hier?", fragte unser kleiner Traum verwundert. „Rumtrödeln, genau wie du auch", antwortete der andere.

„Bist du auch zu einem Kind unterwegs?" „Klar. Anfangs bekommt man immer kleine Kinderträume mit, die sind nicht so schwer und man kann sie besser tragen. Später muss man auch zu den Erwachsenen gehen, dann wird es schwieriger. Wo musst du denn hin?"

Es stellte sich heraus, dass sie den gleichen Weg hatten. Der andere Traum trug die Geschichte von einem blauen

Drachen, der malen konnte. „Den bringe ich zu Peter", prahlte er. „Der liebt Drachen."

Unser Träumchen erzählte nun von seinem Pferdetraum, und gemeinsam gingen sie den weiten Weg bis zum Dorf, in dem die Kinder Alexandra und Peter lebten. Unterwegs verkürzten sie sich die Zeit mit Schneeballschlachten und anderen Späßen. Schließlich erreichten sie atemlos den Dorfrand. „Ich glaube, es ist Zeit", sagte der Drachentraum ein wenig traurig.

„Ja", antwortete der Pferdetraum, „ich glaube auch. Aber weißt du noch, wo du hin solltest?" Vor Aufregung hatten beide vergessen, wem sie ihre Träume bringen sollten.

Der Drachentraum kramte in seiner Hosentasche herum und holte zwei Zettel zu Tage. „Hier steht ‚Peter' und dort steht ‚Alexandra'. Ich glaube, der zweite war meiner."

Der Pferdetraum überlegte einen Moment, dann stimmte er zu. „Peter klingt gut, das war bestimmt meiner", sagte er, verabschiedete sich und ging seinen Weg. Im Dorf angekommen, schaute der Pferdetraum noch einmal auf seinen Zettel mit der Adresse und schlüpfte schließlich in Peters Kinderzimmer. Der Racker wollte immer noch nicht schlafen und spielte unter der Decke heimlich mit seinen Stofftieren.

„Na warte, du wirst schon schlafen", kicherte der Pferdetraum leise. „Warte nur ab bis du siehst, was ich dir mitgebracht habe." Er holte tief Luft und schlüpfte unbemerkt in Peter hinein.

Zunächst war alles so, wie es sein sollte: eine grüne Wiese, Koppeln und Gatter darauf, eine weiße Stute und ein schwarzes Fohlen. Doch statt eines glücklichen Kindes kamen auf einmal wilde Indianer über die Wiese geritten und fingen die beiden Pferde ein. Schreiend und lärmend überfielen sie eine Gruppe weißer Siedler, die sich ängstlich unter ihrem Planwagen versteckten. Einer von ihnen sah aus wie Peter und hatte entsetzliche Angst …

„Mama …!" Peter erwachte von seinem eigenen Schreien und unser Traum wurde unsanft auf den Boden geschleudert. „Was ist los?", wollte seine Mutter besorgt wissen.

„Mama, ich hatte einen schlimmen Traum. Da waren Indianer, die fingen zwei Pferde ein und überfielen Leute …" „So wie in dem Film, den du heute gesehen hast?", wollte die Mutter wissen. Weinend nickte das Kind.

„Manchmal träumt man nachts von den Dingen, die einem am Tag begegnet sind", versuchte die Mutter zu erklären. „Geh nicht weg!", bat er und die Mutter setzte sich an sein Bett.

Der kleine Pferdetraum lief verwirrt aus dem Haus. Irgend etwas war schief gelaufen. Dieser Junge hatte gar keine Freude an den Pferden gehabt, sie hatten ihn nur erschreckt. Beim Hinausfliegen sah er einen großen, blauen Stoffdrachen mit einem Farbkasten in der Hand – und plötzlich fiel es ihm wie Schuppen von den Augen: Er war hier falsch! Peter war der Junge, der die Drachen über alles liebte und der daher den anderen Traum hätte bekommen sollen. Den mit dem blauen Stoffdrachen, welcher so gut malen konnte.

Wenigstens wusste er jetzt, was er machen sollte, um alles wieder in Ordnung zu bringen. „Hallo, Drachentraum?“, rief unser Pferdetraum leise durch den verschneiten Winterwald.

„Hallo …?“, kam es unsicher zurück. Zusammengekauert und frierend hockte der andere Traum in einem Loch und erzählte eine weitere unglaubliche Geschichte: Der Drachentraum hatte seinen kleinen blauen Drachen wie verabredet zu Alexandra gebracht. Doch er konnte nicht wissen, dass Alexandra große Angst vor Drachen hatte, dass der Vater abends nicht einmal Märchen vorlesen durfte, in denen welche vorkamen. Entsprechend verwandelte sich der kleine blaue Drachen mit dem Farbkasten schnell in ein furchterregendes Monster, das Feuer speiend und brüllend durch das Traumland zog. „Ich kriege dich …“, brüllte er immer wieder und verbrannte alles, was ihm begegnete, selbst eine Herde niedlicher Ponys …

Auch Alexandra hatte laut schreiend nach ihrer Mutter gerufen und den Eltern von ihrem schrecklichen Traum erzählt. „Es kommt vor“, tröstete der Vater, „dass man von schlimmen Dingen träumt, die man so gar nicht erlebt hat.“

Nachdem sie sich ihre Geschichten erzählt hatten, beschlossen unsere beiden Träume, ihre Adressen zu tauschen. Anscheinend hatten sie die Geschichten einfach verwechselt und so den Schlamassel ausgelöst. Sie wollten wenigstens versuchen, alles wieder gut zu machen. Noch bevor der Morgen graute, kamen die beiden Träumchen müde, aber glücklich wieder beim Sandmann an.

„So“, sagte dieser prüfend, „wie ist es euch mit eurem

ersten Auftrag ergangen?" Sie erzählten ihm die ganze Geschichte von den vertauschten Träumen und warteten. Doch der Sandmann schimpfte nicht. „Da habt ihr etwas ganz wichtiges gelernt", sagte er nur. „Wenn Träume beim falschen Menschen landen, kann es passieren, dass sie sich mit den Dingen des Tages mischen oder mit einer alten Angst und sehr schlimm werden. Aber da ihr euren Fehler wieder gut gemacht habt, dürft ihr morgen noch einmal zu euren Kindern gehen. Habt ihr euch nun gemerkt, zu wem ihr hin müsst?"

Die beiden Träumchen nickten heftig. Ja, das würden sie bestimmt nie wieder vergessen. „Ich gehöre zu Alexandra", sagte der Pferdetraum. „Und ich zu Peter und seinen Drachen", antwortete der andere. Müde und irgendwie dankbar, dass alles doch noch ein glückliches Ende gefunden hatte, gingen beide schlafen. Es würde morgen wieder eine anstrengende Nacht werden, da waren sie sicher.

Gruppenarbeit – auch zu mehreren kann man Geschichten erfinden

Wer kennt das nicht: Der Kindergeburtstag geht zu Ende und die Kinder haben keine Kraft mehr für neue Spiele. Fragt man jedoch, ob sie eine Geschichte hören möchten, setzen sich viele gleich begeistert auf den Boden und lauschen.

Oder aber: Es sind Ferien, die Gemeinde hat eine Freizeit mit Kindern verschiedenen Alters geplant. Ein Betreuer ist ausgefallen und Sie sind eingesprungen. Die Kinder sind am ersten Tag so aufgeregt, dass sie nicht schlafen können. Ein Hinweis auf eine Geschichte wirkt Wunder und die Kids warten gespannt auf Ihre Worte.

Noch ein Szenario: Das Schul- oder Gemeindefest steht an und die Eltern wurden gebeten, ein Angebot zu machen. Da es regnet, muss ein Großteil der Veranstaltung ins Haus verlegt werden. Die Kinder sind voller Tatendrang und erwarten etwas ganz Besonderes. Auch hier werden Sie erleben, das manches Kind sich begeistert in das Abenteuer „Geschichten erzählen" begibt.

Warum jetzt ein Märchen oder eine Geschichte erzählen, die schon jeder kennt? Warum nicht gemeinsam mit den Kindern ein eigenes Märchen erfinden, das so noch nie zuvor erzählt worden ist? Warum nicht die kreativen Kräfte der Kinder nutzen und gemeinsam mit ihnen Geschichten erfinden? Trauen Sie den Kindern ruhig etwas zu, bei entsprechender Anleitung werden sie sehr erfinderisch sein.

Mein Tipp: Die Krone auf das Haupt der Geschichte setzen Sie, wenn Sie die Kreationen der Kinder aufschreiben und ihnen später nachreichen. Eine solche Belohnung regt die Kinder an, sich auch weiterhin kreativ mit Geschichten auseinander zu setzen.

Übrigens: Warum sollte man Geschichten nur erzählen oder vorlesen? Malen, verkleiden, Theater spielen – den Möglichkeiten zur Nachbearbeitung sind keine Grenzen gesetzt. Besonders wenn ein Vorrat an Kleidung und Schminke, Bastelmaterialien und Farben zur Verfügung steht, kann sich ein Thema durchaus über längere Zeit hin erstrecken und dabei ständig variieren.

◈ *Jede Gruppe stellt andere Ansprüche*

Die folgenden Anleitungen sind für die Arbeit mit Kindern im Alter zwischen fünf und zehn Jahren gedacht. Konzentriertes Arbeiten ist mit maximal acht Kindern möglich, größere Gruppen sollten geteilt werden. Sie als Erwachsener agieren in einer solchen Situation natürlich mehr als Organisator oder Diskussionsleiter denn als eigentlicher Erzähler.

Es ist von Vorteil, wenn die Zusammensetzung der Gruppen Jungen und Mädchen verschiedener Altersstufen umfasst, da die Geschichten dann vielseitiger gestaltet werden als bei reinen Jungen- bzw. Mädchengruppen eines Alters. Reine Jungengruppen aus 8- bis 10-Jährigen zum Beispiel erfinden meistens schaurige Monstergeschichten, wie sie sie vom Fernsehen her kennen. Sind hingegen Mädchen oder jüngere Kinder dabei, sind die Jungen eher bereit und in der Lage, auch andere Motive aufzunehmen und intensiv an einer Geschichte zu arbeiten. Eine Gruppe aus Mädchen hingegen wird vorzugsweise ein bekanntes Märchen nacherzählen; die Mischung mit Jungen und älteren Kindern führt dazu, dass auch sie mit neuen Ideen und Selbsterlebtem umgehen werden.

Die Möglichkeiten mit einer Gruppe sind natürlich unterschiedlich, je nachdem ob Sie eine Gruppe vor sich haben, die sich bereits kennt (Kindergartengruppe, Nachbarskinder, Klassenkameraden …), oder ob sie frisch zusammengewürfelt wurde (Zeltlager, Ferienprogramm …). Je weniger die Kinder sich kennen, um so vielschichtiger werden in der Regel ihre Ideen sein.

Mein Tipp: Was aber, wenn nun einmal nur gleichaltrige Kinder vor Ihnen sitzen, die sich dazu auch noch kennen, so zum Beispiel auf dem Kindergeburtstag?

In diesem Fall können Sie durch die Wahl der Methode die Kreativität der Kinder positiv beeinflussen. Wechselgeschichten und Patchwork-Märchen haben dann am ehesten die erwartete anregende Wirkung.

Besonders bei Gruppen mit einander fremden Kindern ist es wichtig, schon zu Anfang durch kleine Übungen die spezifischen Stärken der einzelnen Kinder herauszufinden. Meist wird sich schon nach kurzer Zeit ein Anführer herauskristallisieren, welcher den Ton angibt und versucht, die Richtung einer Geschichte zu bestimmen. Gibt man ihm eine Aufgabe, wird er sich in der Regel weniger störend verhalten. Sie können ihn zum Beispiel bitten, darauf zu achten, dass ein anderes, besonders schüchternes Kind mit seinen Ideen nicht untergeht.

Häufig zeigt sich, dass Kinder, die sich verbal weniger durchsetzen, dafür im gestalterischen Teil sicherer auftreten. So können beim Theaterspielen oder Malen zum Beispiel Großmäuler ganz schnell zu Statisten und Mauerblümchen zu Akteuren werden.

Nutzen Sie die Zeit, um jedes Kind in irgend einer Form zu beteiligen, schaffen Sie für jedes die Möglichkeit, gerade seine Stärke herauszukehren. Dann werden sie diesem neuen Weg, Geschichten zu begegnen, schnell Vertrauen schenken.

Nachdem die Gruppe zusammengestellt ist, suchen Sie sich einen ruhigen Platz, am besten einen eigenen Raum, in dem Sie ungestört arbeiten können. Fremde Kinder müssen sich jetzt erst einmal kennen lernen, zum Beispiel durch eine kurze Vorstellungsrunde.

Um die Kinder auf das Thema einzustimmen, kann danach beispielhaft eine kleine Wechselgeschichte erarbeitet werden. Oder Sie lesen eine schon fertiggestellte Geschichte wie zum Beispiel „Blaustrümpfchen" vor. Spätestens jetzt haben die meisten Kinder Feuer gefangen und wollen ans Werk.

Als erste Aufgabe müssen die Kinder gemeinsam überlegen, welche Art von Geschichte sie erfinden wollen. Bewährt haben sich die Auswahlangebote Märchen, Gespenstergeschichte oder Abenteuergeschichte. (Dazu ist anzumerken, dass die Kinder nicht sauber zwischen den einzelnen Formen unterscheiden. „Pipi Langstrumpf" kann für sie durchaus ein Märchen sein, „Peter Pan" ein Abenteuer und „Das Märchen von einem, der auszog, das Fürchten zu lernen" eine Gespenstergeschichte. In diese höchst persönliche Zuordnung sollte möglichst nicht eingegriffen werden, es geht hier ausschließlich um persönliche Kreativität und Phantasie. In dieser Auseinandersetzung ist es besonders wichtig, die jüngeren und weniger durchsetzungsfähigen Kinder nicht unter den Tisch fallen zu lassen. Bei unterschiedlicher Meinung über das Thema der gemeinsamen Arbeit muss abgestimmt werden.

Als nächstes muss die Gruppe sich über die Kernelemente ihrer gewählten Geschichtenform klar werden. Was gehört zu einem Märchen, einer Gespenstergeschichte, einer Abenteuergeschichte? Welche für mich typischen Beispiele kenne ich? Was mag ich daran besonders? Welche Stellen finde ich richtig spannend? Im Folgenden sollen einige Beispiele für Arbeitsanleitungen gegeben werden, die natürlich jederzeit durch Ihre eigenen Ideen verändert werden können.

a) Märchen – einmal andersherum erzählt
- Jedes Kind erzählt in wenigen Sätzen sein Lieblingsmärchen.
- Das Märchen „Blaustrümpfchen und der Angsthase"
  wird als Beispiel vorgelesen.
- Ein Märchen wird ausgesucht und genau erzählt,
  eventuell vorgelesen. Es wird in seine Bestandteile
  zerlegt und dann verdreht, zum Beispiel: König – Bet-
  telmann, Tochter – Sohn, Dornenhecke – Federkis-
  sen.
- Die Geschichte wird nach den verdrehten Vorgaben
  neu erzählt und mitgeschrieben.
- Für das neue Märchen werden neue Darstellungsfor-
  men gesucht (zum Beispiel Verkleidekiste und
  Schminke zum Theaterspielen oder für Pantomime;
  Tapete, Zeitschriften, Stifte und Kleber für eine große
  Collage …).

b) Märchenpuzzle
- Jedes Kind erzählt kurz sein Lieblingsmärchen.
- Jeder benennt seine Lieblingsstelle.
- In Einzel- oder Paararbeit werden diese Lieblings-
  stellen bildlich dargestellt (Malen, Collage, Basteln
  …).
- In Gruppenarbeit werden diese Lieblingsstellen (ruhig
  aus verschiedenen Märchen) gut gemischt und in be-
  liebiger Reihenfolge hintereinander gelegt.
- Zu der neuen Situation wird gemeinsam eine Ge-
  schichte erzählt und ein Protokoll erstellt.
- Gegebenenfalls wird eine neue Reihenfolge festgelegt,
  ein neues Märchen erfunden.
- Das Märchen, das der Gruppe am besten gefällt, wird
  auf neue Art dargestellt (Theater oder Pantomime mit
  Verkleiden und Schminken; Collage basteln …).

c) Gespenstergeschichte recyceln (Hinweis: Nicht Grusel-, Horror- oder Monstergeschichte!)
– Jedes Kind erzählt reihum seine Lieblingsgespenstergeschichte.
– Jeder benennt seine Lieblingsstellen / Schlüsselszenen.
– Die Kinder überlegen sich, was ihrer Meinung nach zu einer richtigen Gespenstergeschichte gehört.
– Die wichtigsten Bestandteile werden auf Karteikarten geschrieben, durcheinander gemischt und ausgelegt.
– Der Reihe nach wird abwechselnd zu jedem Kärtchen ein Stück Handlung dazu erfunden, bis schließlich eine gänzlich neue, zusammenhängende Gespenstergeschichte entsteht.
– Die fertigen Geschichten sollten unbedingt protokolliert bzw. in den Computer eingegeben werden.
– Die beste Geschichte wird ausgewählt und kreativ gestaltet (Theater oder Pantomime mit Verkleiden und Schminken, Basteln …)

d) Abenteuercollage
– Jedes Kind erzählt reihum seine Lieblingsabenteuergeschichte und benennt seine Lieblingsstellen / Schlüsselszenen.
– Jeder überlegt sich, was seiner Meinung nach zu einer richtigen Abenteuergeschichte gehört.
– Die Kinder fertigen mit Zeitungen und anderen Materialien Collagen an und erklären sie anschließend den anderen Kindern.
– Die Collagen werden in beliebiger Reihenfolge aneinandergelegt und der Reihe nach frei dazu assoziiert, aneinandergefügt, gemeinsam abwechselnd eine neue Geschichte erzählt.
– Die beste Geschichte wird ausgewählt und bildlich dargestellt.

e) Themenpotpourri
– Statt einer Geschichtenart wird ein bestimmtes Thema
  wie zum Beispiel Pferde, Zaubern, Zeichentrick vorge-
  ben.
– Die Kinder machen sich Gedanken darüber, was alles
  zu einer guten „Pferdegeschichte" gehört.
– Sie malen, basteln, kleben oder stellen ihr Stichwort
  anders dar.
– Die Szenenbilder werden in beliebiger Reihenfolge aneinander gelegt und der Reihe nach dazu assoziiert,
  aneinandergefügt und so gemeinsam eine neue Geschichte daraus gemacht.
– Die beste Geschichte wird ausgewählt und bildlich
  dargestellt.

In der letzten Phase der Gruppenarbeit können die Wer-
ke in der Großgruppe „vorgeführt" werden, zum Beispiel
einer anderen Gruppe oder beim Schulfest.
  Um Ihnen einen Eindruck davon zu geben, wie vielfältig solche Geschichten sein können, folgen an dieser Stelle einige Beispiele für Geschichten, die von einer ganzen
Gruppe erfunden wurden. Die selbst protokollierten No-
tizen der Kinder wurden vom Gruppenleiter am PC auf-
bereitet und den Kindern zu deren großer Freude später
mitgegeben.

◆ *„Tabaluga und die drei goldenen Haare"*

*In einer dunklen Nacht auf dem Schlossberg war es wie-
der einmal so weit: Wie jedes Jahr in der Mittsommer-
nacht trafen sich die Schüler der berühmtesten Ganz-
nachtschule des Landes beim Grafen Blutkonserve zur
Abiturprüfung der Vampire.*

Ausgerechnet in dem Moment, als die kleinen Vampire ihr Einmaleins des Blutsaugens aufsagen sollten, wurden sie durch ein Rauschen gestört. Der Obervampir zischte wütend in die dunkle Nacht hinaus: „Wer wagt es, uns zu stören? Uns, die besten Vampirschüler des ganzen Landes?"

Doch seine Drohungen hatten keinen Erfolg, wieder und wieder hörten sie das seltsame Geräusch über sich in der Luft. Kein Wunder, denn der Drache Tabaluga drehte dort glücklich seine Runden. Tabaluga hat bekanntlich vor gar nichts Angst, schon gar nicht vor jungen Vampiren. Heute Nacht war er besonders gut drauf: Es war dem kleinen Drachen nämlich gelungen, dem Teufel drei goldene Haare abzuluchsen. Er freute sich so sehr über seinen gelungenen Streich, dass er vergaß, auf seinen Schatz zu achten. Tabaluga merkte nicht einmal, dass er den Schatz in seiner Freude aus Versehen fallen ließ. Die Haare glitten zu Boden und landeten unversehrt mitten im Wald. Der Wind nahm sie auf, trug sie weiter und wehte sie schließlich in eine Berghöhle, in welcher der Riese Rübezahl lebte.

Der fand die drei zart leuchtenden Haare und freute sich sehr über seinen Fund. Da er sie auf keinen Fall verlieren wollte, legte er sie sofort zu all seinen anderen Schätzen in die Truhe am Ende seiner dunklen Höhle.

Dort blieben die Haare viele Tage lang, bis schließlich erneut ein ungewöhnliches Geräusch die friedliche Ruhe des Schlossbergwaldes störte: Pipi Langstrumpf schlenderte furchtlos durch das Unterholz und suchte nach leckeren Pilzen. Dabei entdeckte das Mädchen die Höhle.

„Ei, wer mag dort wohl wohnen?", fragte sie sich und schlich vorsichtig näher. Da sie ein ungeheuer starkes Mädchen war, konnte selbst die Gewissheit, dass ein Riese in der Höhle wohnte, sie nicht abschrecken und so betrat sie furchtlos das Reich des Riesen Rübezahl. Natürlich führte ihre Neugier sie auch zu der sorgsam verschlossenen Schatztruhe. Es fiel dem Mädchen leicht, sie zu öffnen und begeistert sah sie die drei goldenen Haare inmitten unendlich vieler Diamanten leuchten. „So etwas Schönes habe ich ja noch nie gesehen", staunte Pipi und beschloss, die Edelsteine dort zu lassen, die drei wundersamen Haare aber mit sich zu nehmen. „Wer weiß, wozu die noch gut sein können", dachte sie bei sich und zog davon.

Der arme Drache Tabaluga aber hatte mittlerweile gemerkt, dass ihm die wertvollen goldenen Haare des Teufels abhanden gekommen waren. Unglücklich zog er seine Kreise und überflog immer und immer wieder das Riesengebirge in der Hoffnung, seinen wertvollen Schatz doch noch wiederzufinden. Dabei kam ihm eine Idee: „Warum frage ich nicht Rübezahl? Vielleicht hat der sie ja gesehen!" Gesagt, getan. Schnell hatte er die dunkle Höhle erreicht. Dort traf er auf den wütend brüllenden Rübezahl.

„Was ist dir denn geschehen?", fragte der Drache mitleidig. „Irgend jemand hat mir meinen neuen Schatz gestohlen!", wütete der Riese und riss mit einem Satz drei riesige, hundert Jahre alte Tannen heraus.

„Waren es zufällig drei goldene Haare?", wollte der kleine grüne Drache wissen. Wieder brüllte Rübezahl wie im Schmerz auf. Tabaluga erzählte ihm die ganze Geschichte und die Freunde beschlossen, dass der kleine

Drache den Schatz behalten sollte, falls sie ihn je wiederfinden würden. Sie grübelten und grübelten so lange, bis ihnen die Köpfe rauchten. Schließlich kamen sie darauf, dass sie Pipi im Wald gesehen hatten.

„Ob sie die drei Haare wohl gesehen hat?", fragte Tabaluga. Rübezahl nickte zustimmend. „Kann schon sein", antwortete er. Also machten die beiden sich auf ins Taka-Tuka-Land, in dem das starke Mädchen lebte. Auf dem Weg dorthin trafen sie auf den schnaufenden und tobenden Teufel. „Welche Laus ist dir denn über die Leber gelaufen?", wollte Tabaluga von ihm wissen. Er hatte ein schlechtes Gewissen, weil er ihm ja die Haare gestohlen hatte und wollte unbedingt wissen, ob der Teufel vielleicht deshalb nach ihm suchte.

„Irgendein Wicht hat mir meine drei goldenen Haare gestohlen, während ich schlief", schnaubte der Teufel und drohte dem Dieb tausend Strafen an, falls er ihn finden sollte.

Rübezahl war nicht ganz so schlau wie Tabaluga und verstand das alles erst sehr langsam. „Ich habe vor drei Tagen welche gefunden, das könnten deine gewesen sein", verplapperte er sich. Dann fiel ihm auf, was er da gesagt hatte und er wollte es wieder gut machen, um seinen Freund Tabaluga nicht in Schwierigkeiten zu bringen. „Wir sind auf der Suche nach dem Mädchen Pipi Langstrumpf, das ganz allein auf der Insel Taka-Tuka-Land lebt. Sie hat deine Haare vielleicht gesehen, als sie hier im Wald spazieren ging." Da schloss sich der Teufel den beiden Freunden an.

Im Taka-Tuka-Land trafen sie tatsächlich Pipi Langstrumpf. Doch die dachte gar nicht daran, ihren seltenen Fund wieder herzugeben. Stark wie sie war, nahm sie es mit allen drei Gegnern auf einmal auf. Letztlich hatte keiner der vier gewonnen, alle erwiesen sich als gleich stark.

Der Teufel war der erste, der aufgab. „Wer weiß", dachte er bei sich, „vielleicht wachsen mir im Laufe der Zeit ja neue goldene Haare." Nachdenklich strich er sich über seinen schwarzen Bart und glaubte schon, einen leisen goldenen Schimmer dort sehen zu können. Sollte es vielleicht schon so weit sein? Auf alle Fälle würde es sich lohnen, darauf zu warten, denn besiegen konnte er die anderen offensichtlich doch nicht. Also schlich er sich heimlich davon und flog zurück nach Hause.

Als die anderen drei sein Verschwinden bemerkten, stellten auch sie ihre Kämpfe ein. Tabaluga machte einen Vorschlag: „Was ist denn, wenn wir uns den Schatz teilen?" Die anderen sahen ihn erstaunt an. Teilen? Auf diese Idee wären sie nicht gekommen. Ja ging denn das überhaupt?

„Wir alle drei haben irgendwann die drei goldenen Haare gefunden. Lasst uns doch jeder eins davon nehmen, dann hat jeder seinen eigenen Schatz. Geteilt ist doch besser als gar nichts, oder?"

Pipi und Rübezahl nickten. Ja, das war ein guter Vorschlag. Und so kam es, dass schließlich alle drei ein goldenes Haar ihr eigen nennen konnten. Und der Teufel? Nun, auch der ging nicht leer aus. Tatsächlich wuchsen ihm nach drei weiteren Tagen seine goldenen Haare wieder nach. Schließlich sind es Zauberhaare, und die tun bekanntlich, was ihr Besitzer will.

◆ *„Pipi und Bibi retten das Schloss"*

Die Schöne und das Biest tanzen in ihrem Schloss. Auf einmal werden sie von wildem Hundegebell gestört: Das verliebte Hundepärchen Susi und Strolch kommt herein gestürmt und flitzt bellend hin und her. Auch als Belle und das Biest die beiden Hunde endlich eingefangen haben, ist an Ruhe noch nicht zu denken, denn durch ein offenes Fenster kommt die kleine Hexe Bibi Blocksberg auf ihrem Besen hereingesaust und fragt, ob sie mitfeiern kann.

Die Schöne und das Biest sehen sich einen Moment tief in die Augen und seufzen. „Na gut, Bibi, meinetwegen kannst du mit uns tanzen", erlaubt die Schöne. Begeistert tanzt die kleine Hexe mit. Und da sie keinen Tanzpartner hat, nimmt sie eben ihren Besen.

Plötzlich sehen sie hinter dem offenen Fenster einen Schatten. Die kleine Hexe fackelt nicht lange und folgt dem Schatten, der zu zwei Banditen gehört, die heimlich das Schloss und seine nichtsahnenden Bewohner überfallen wollen. Atemlos beobachtet Bibi, wie die beiden sich trennen: Einer steht draußen Schmiere und passt auf, dass niemand kommt, der andere schleicht sich in die Küche und plündert den Kühlschrank. Erst als gar nichts mehr da ist, klettern sie auf das Dach, um von dort über die große Birke zu verschwinden.

Doch die beiden haben nicht damit gerechnet, dass sie von Bibi beobachtet werden. Bibi ist zwar eine Hexe, aber so ganz allein mit zwei Räubern – das traut sie sich nun doch nicht zu. Also hat sie – „Hex, hex!" – ihre beste Freundin herbeigezaubert, die bärenstarke Pipi Langstrumpf. Sicherheitshalber fliegt die kleine Hexe noch ins Schloss und benachrichtigt per Telefon die Polizei.

Als die endlich kommt und die erschreckten Besitzer des Schlosses aus dem Tanzsaal klingelt, ist alles längst vorbei: Pipi Langstrumpf hat die beiden Banditen bereits verhaftet und zusammengeschnürt. Doch leider hat niemand bemerkt, dass die Bösewichte kurz vor ihrer Flucht noch ein Feuer im Haus gelegt haben. Das war ein großer Fehler, denn nun brennt es überall und alle müssen fliehen. Pipi rettet die Schöne aus den Flammen, und das Biest, das im Rauch nichts mehr sehen und riechen kann, tappt ihr halbblind hinterher. So sind die beiden doch noch aus dem brennenden Schloss gerettet.

Auch Susi und Strolch fliehen durch eine Tür. Sie wissen nicht, wohin die führt, aber in ihrer Verzweiflung denken sie nicht weiter darüber nach und springen in den dunklen Gang. Ohne Pause rennen sie weiter – und müssen schließlich feststellen, dass sie wieder auf ihre eigenen Spuren getroffen sind. Sie sind in einen Irrgarten geraten! Verzweifelt beginnen die beiden Hunde zu jaulen. Das klingt so schaurig, dass sogar Pipi sich die Ohren zuhalten muss, die sich mit Annika und Thomas aufgemacht hat, um die beiden Vermissten zu finden. Dazu sind sie in ihren Ballon gestiegen. Von dort aus sehen sie die Vermissten und nehmen sie zu sich.

Schließlich begegnen sich alle im Schlosspark wieder und fallen sich lachend in die Arme. „Was für ein Abenteuer!", denken sie erleichtert und sind froh, dass die beiden Räuber sicher hinter Schloss und Riegel sitzen. Denn nur so ist sichergestellt, dass sie etwas ähnliches nie wieder versuchen können.

„Lieschen und die Taubenreise"

Das Mädchen Lieschen sitzt im Taubenhaus und füttert ihre geliebten Tauben. Auf einmal flattern die erschreckt auf und fliegen davon. Lieschen rennt hinterher, läuft weiter und weiter, bis sie plötzlich an ein Ufer kommt, an dem ein verlassenes Boot liegt. Sie denkt nicht lange nach, sondern steigt ein und folgt ihren Tauben über das Wasser. Als sich schließlich die Nacht über den See senkt, schläft das Mädchen erschöpft ein.

Am nächsten Morgen wacht Lieschen auf und wundert sich: Sie ist auf einer einsamen, ihr unbekannten Insel gelandet. Doch bevor sie stranden kann, sieht sie in der Ferne ihre Tauben fliegen und wieder folgt sie ihnen. Auch als diese den Weg über den Vulkan nehmen, klettert sie unermüdlich hinterher. Der Vulkan blubbert und qualmt, und es ist dem Mädchen recht unheimlich zu Mute. Als der schwere Rauch und die Hitze unerträglich werden, erblickt sie eine Höhle und rettet sich hinein.

Verzweifelt sucht Lieschen das Ende der Höhle, um sich an die kühle Felswand zu schmiegen. Zu ihrem Erstaunen stellt sie fest, dass es gar kein Ende gibt. Im Gegenteil: Sie findet einen Gang, der mitten durch den Berg hindurchführt. An seinem Ende wartet eine blühende Wiese auf sie, über welcher die geliebten Tauben ihre Runden drehen.

Kaum hat das Mädchen die Wiese erreicht, da drehen die Tauben ab und nehmen ihre Reise wieder auf. Es ist so, als hätten sie ein fernes Ziel vor Augen und nur noch auf ihre Freundin Lieschen gewartet. Diese folgt ihnen unermüdlich, auch über weitere Hindernisse.

Mehr und mehr nehmen die Blumen ab und machen schließlich einer öden Wüste Platz. Als Lieschen denkt, es würde wirklich nicht mehr weitergehen, sieht sie mitten im Sand ein Zelt stehen. Erstaunt öffnet sie den Vorhang — und steht vor einem leibhaftigen Scheich. Da sie noch nie einen gesehen hat, erschrickt sie zunächst. Der Scheich erschrickt nicht minder und schreit laut auf. Da fasst Lieschen sich ein Herz und fragt den fremden König, ob er nicht ihre Tauben gesehen hätte. Doch der versteht ihre Sprache nicht und macht seltsame, unverständliche Laute mit seinem Mund. Schließlich versucht das Mädchen, ihre Tauben durch eine typische Bewegung zu erklären: Sie legt die Arme wie Flügel an den Leib und versucht, zu fliegen.

Nun versteht der fremde König und zeigt ihr den Weg, den die Tauben genommen haben. Fürsorglich schenkt er ihr noch einen Schal gegen die sengende Sonne und entlässt sie dann schweren Herzens auf ihren langen Weg. Wie gerne hätte er sie bei sich behalten!

Lieschen läuft immer weiter und merkt vor Müdigkeit kaum, wie es unter ihren müden Füßen wieder grün wird. Erst als sie fast über eine große Hundehütte stolpert, die mitten auf einer grünen Wiese steht, erwacht sie aus ihrem Tran.

„Ob der Hund mich wohl beißt, wenn ich daran vorbeigehe?", fragt sie sich ängstlich. Doch dann siegt ihre Sehnsucht nach den Tauben und so tragen die Füße sie weiter. Der Hund kommt aus seiner Hütte, bellt das tapfere Mädchen aber nicht an sondern lässt sich fröhlich wedelnd streicheln, bis sie weiter geht.

Schließlich geht erneut die Sonne unter, Lieschens zweite Nacht auf Wanderschaft beginnt. Erschöpft legt sie sich unter einen Olivenbaum und fällt sofort in einen tiefen Schlaf. Sie träumt von einem fliegenden Teppich, auf dem sie mit ihrem Vater sitzt und mit dessen Hilfe sie die entflogenen Tauben wieder einfangen kann. Nun ist Lieschen glücklich und lächelt im Schlaf. Doch unerbittlich naht der Morgen und weckt sie auf. Sie findet sich auf einer Wiese wieder, die sie kennt: Sie gehört zu einem Nachbarhof ihres Elternhauses. Schon will sie fröhlich zu ihren Eltern, da sieht sie einen alten Wolf, der laut schnarchend am Brunnen liegt und schläft.

„Nanu", denkt Lieschen, „was hat der alte Isegrim denn alles gefressen, dass er so müde ist? Und einen schrecklich dicken Bauch hat er auch, sicher hat er meine Tauben gefunden!" Sie pflückt einen Grashalm und kitzelt den alten grauen Wolf vorsichtig unter der Nase. Prompt muss er niesen. Tatsächlich: Bei jedem Nieser fliegt eine von Lieschens geliebten Tauben aus seinem Maul. Das Mädchen sammelt sie alle ein, verstaut sie in ihrer Schürze und trägt sie glücklich zurück nach Hause. Endlich sind sie alle wieder vereint, und das Abenteuer hat ein gutes Ende genommen.

◆ „Der König und die Gallier"

Es war einmal im Jahre 1558 in der Drachenstadt Schramberg, da lebte ein König mit seiner geliebten Königin glücklich und zufrieden.

Eines Tages ereilte sie die schreckliche Nachricht, dass ein fremder Kriegerstamm, die Gallier, draußen vor den Toren der Burg Hohenschramberg auf ihn warteten. Sie wollten sein Geld und seine Krone und drohten, andernfalls das friedliche Land mit einem schrecklichen Krieg zu überziehen.

Der König war verzweifelt. Doch dann dachte er daran, dass er viele tapfere Ritter zur Seite hatte und beschloss,

▽ Bild 7: Das Gallierschiff

gegen die fremden Krieger zu kämpfen. Er hoffte inständig, eine Chance gegen sie zu haben. Vorher aber versteckte er seinen Schatz und seine Krone bei einem Freund in Russland.

Nur zwei Tage nach seiner Rückkehr griffen die Gallier feige das Königreich mitten in der Nacht an. Nach zwei Wochen des verzweifelten Kampfes hatte der König nur noch wenige Ritter, der Rest seiner tapferen Gefolgsleute war bereits im Kampf gefallen. Voller Verzweiflung schlich er sich bei Nacht und Nebel aus der Stadt und fuhr zu seinem Freund nach Russland, um ihn um seinen Rat zu bitten. Dieser gab ihm das Geheimrezept eines Friedenssaftes, mit dessen Hilfe er die Gallier zwar nicht besiegen, wohl aber zu Freunden machen könnte.

Heimlich, wie er gegangen war, schlich sich der König wieder zurück hinter die Mauern der Burg Hohenschramberg, wo er sofort nach dem mitgebrachten Rezept den Friedenssaft brauen ließ. Als Geste der Freundschaft lud er schließlich die Gallier auf ein Festmahl ein. Der Saft wirkte tatsächlich und gemeinsam verdrückten sie viele Wildschweine.

Seit dieser Zeit leben die Schramberger und die Gallier in Frieden miteinander, woran sich bis heute nichts geändert hat.

◆ „Der Diddlstamm"

Es war einmal ein kleiner Diddlstamm, der lebte einsam und versteckt tief in den Wäldern. Anders als ihre heute existierenden Verwandten hatten sie lange Schlappohren, die ihnen ständig um den schönen, weißen Kopf baumelten, doch das störte sie nicht weiter.

Eines Tages ging ein kleiner Diddljunge im Wald spazieren und pflückte Blumen – eine große Delikatesse für jede Diddlmaus. Da hörte er ein seltsames Geräusch und folgte ihm. Wie erschrak er aber, als plötzlich ein fremdes Tier vor ihm stand! Riesengroß war es, viel größer als der kleine Diddljunge selbst. Es hatte einen großen Schwanz vorne und einen kleineren, dünneren an seinem hinteren Ende.

Voller Entsetzen drehte sich der kleine Diddljunge um und rannte den langen Weg zurück in sein Dorf. Dort lief er sofort zu seinem Freund, Doktor Diddl. Dieser wollte sich das seltsame Ungeheuer unbedingt einmal ansehen. Doch auch er erschrak, als er es leibhaftig vor sich sah.

Glücklicherweise hatte sich das seltsame Tier zum Schlafen zusammengerollt und war nun nur noch halb so groß wie zuvor. Das gab den beiden kleinen Diddls wieder Mut, und sie heckten einen Plan aus: Wenn es dem Rattenfänger von Hameln gelungen war, eine ganze Stadt nur mit Hilfe von Musik von der Rattenplage zu befreien, so müsste es ihnen doch auch gelingen, dieses Tier hier wieder loszuwerden. So schnitzten sie sich aus den Schätzen des Waldes einige Instrumente und begannen, gar schauerlich darauf zu spielen.

Das Tier aber lief nicht wie geplant voller Angst davon, ganz im Gegenteil: Es streckte sich lang aus und begann, lauthals zu schnarchen!

110

Verzweifelt überlegten die beiden Diddls, was sie nun machen könnten, um das graue Ungeheuer zu vertreiben. Sie entschlossen sich, die Sache der Polizei zu überlassen, und benachrichtigten diese.

Auch der Polizeichef ließ es sich nicht nehmen, das seltsame Untier zu begutachten. Wie erschrak er aber, als er es da auf der Wiese liegen sah, grau und unförmig, mit seinen zwei Schwänzen an jedem Ende, die wie müde Schlangen im Gras lagen. Er ließ sich zeigen, was die beiden mutigen Diddls bereits unternommen hatten, um das Tier zu verscheuchen. Doch als die beiden Diddls zu spielen begannen, musste erst der Polizeichef gähnen, dann seine Mannschaft und schließlich sogar der Diddljunge und Professor Diddl. Es dauerte nicht mehr lange, und der ganze Diddlstamm, der zusammengelaufen war, um das graue Ungeheuer zu vertreiben, schlief tief und fest. Und wenn sie nicht gestorben sind und sie nicht inzwischen jemand aufgeweckt hat, dann schlafen sie noch heute.

◆ „Die Geschichte von Rotkäppchen
und den drei Sissis"

Es war einmal ein Wikingerschiff, das mit einer höchst wertvollen Fracht beladen war: In seinem Innern befanden sich in einem goldenen Zimmer drei Prinzessinnen, die alle Sissi hießen, und ein Rotkäppchen. Sie alle wurden einem Prinzen auf einer fernen Insel versprochen und waren nun gemeinsam unterwegs, um ihn zu heiraten. Auf der Reise zu ihrem Verlobten versuchten sie, sich den Prinzen und seine Insel vorzustellen, doch keiner wollte es recht gelingen.

Endlich landete das Wikingerschiff an der Insel und gab seine kostbare Fracht frei. Die drei Prinzessinnen und das Rotkäppchen, die inzwischen gute Freundinnen geworden waren, gingen vorsichtig auf der Insel umher und suchten Blumen. Die mit der schönsten Blume von allen sollte darüber entscheiden, wer von ihnen den Prinzen heiraten durfte.

In ihrer Unkenntnis aber pflückten alle vier von den Blumen ab, welche hier zwar in Massen wuchsen, aber sehr giftig waren. Mit diesen Geschenken machten sie sich dann auf den Weg, das Schloss des Prinzen zu suchen. Unterwegs trafen sie seltsame Gestalten, die ihnen eine Wegbeschreibung gaben. So auch einen kleinen Baum,

▼ Bild 8: Die schönste aller Prinzessinnen

der ihnen den Weg pfiff, und einen kleinen Wichtel, der sich Grünstrumpf nannte.

Endlich sahen sie das Schloss des Prinzen, und alle vier fanden es wunderschön. Sie klingelten. Kaum trat der Prinz vor die Tür, um seine vier Verlobten in Empfang zu nehmen, da hielten sie ihm die giftigen Blumen unter die Nase, um ihm eine Freude zu machen. Er roch daran, dann wurde ihm schlecht und er fiel ohnmächtig zu Boden.

Jetzt erst bemerkten die Prinzessinnen, was sie angerichtet hatten, und begannen, fürchterlich zu weinen. Verzweifelt riefen sie nach Hilfe.

Endlich hörte eine alte Frau ihr Klagen und kam aus ihrem Haus. Sie wohnte nicht weit vom Schloss entfernt in einem Keller und ging sofort dorthin zurück, um einen Zaubertrank zu brauen. Der sollte den Prinzen schnell wieder gesund machen.

Kaum hatte der Prinz davon gekostet, da sprang er auf und sah aus, als hätte er nie an den giftigen Blumen gerochen. Er versprach den Prinzessinnen, die schöne, aber gefährliche Insel zu verlassen, und ging mit ihnen auf ihr Schiff. Die Hexe nahmen sie ebenfalls mit auf die Reise, sie konnte ihnen später in der Stadt gut behilflich sein. Und wenn sie nicht gestorben sind, dann leben sie noch heute.

Leider ist bis heute nicht bekannt geworden, welche der vier Prinzessinnen der Prinz nun geheiratet hat. Das einzige, was man weiß, ist, dass sie alle gute Freunde geblieben sind bis an das Ende ihres Lebens.

3 Welche Methode eignet sich wann besonders gut?

Geschichten erfinden mit Kindern – gut und schön, aber womit fange ich an? Welche Art von Geschichte eignet sich bei meinem Kind oder meinen Kindern besonders gut?

Solche oder ähnliche Fragen mögen Ihnen bei der Lektüre dieses Buches schon mehrfach durch den Kopf gegangen sein. Wenn der Ansatz, Geschichten zu erfinden und selbst zu gestalten, für Sie noch recht neu ist und gute Vorbilder rar, kann eine Übersicht Hilfe bieten. Letztlich hängt die Wahl der Arbeitsweise jedoch von Ihren ganz speziellen Erfahrungen und Vorlieben ab, da solche Schemata dem tatsächlichen kreativen Vermögen von Ihnen und den Kindern niemals wirklich gerecht werden.

Das kleine Kind bis etwa 3 Jahre

In diesem Alter sind die Fähigkeiten zum aktiven Umgang mit Inhalten noch nicht gut ausgebildet. Dementsprechend sollten Sie sich auf das *Nacherzählen von Inhalten* („Was hat das Schneiderlein dann gemacht? Weißt du das noch?") oder Verständnisfragen („Warum hat der Wolf denn das siebte Geißlein nicht auch gefressen? Was denkst du?") beschränken. Auch das Ausmalen von themenbezogenen Bildern regt die Kinder zum Reden und Fragen an.

Natürlich können Sie auch jetzt schon selbst erfundene Geschichten erzählen, nur können die Kinder daran noch nicht viel mitarbeiten. Die Figuren sollten einfach gezeichnet sein, die Handlung kurz und überschaubar.

Ich komme in den Kindergarten – 3 bis 4 Jahre

Die tägliche Auseinandersetzung mit den Anderen macht es jetzt notwendig, dass Kinder immer häufiger eigene Worte finden müssen für das, was in ihnen vorgeht.

Das lässt sich üben: Entwickeln Sie gemeinsam ihre eigenen, ganz persönlichen *Rahmengeschichten*. Geben Sie den Kindern Gelegenheit mitzuhelfen, indem Sie *Stichworte* zur weiteren Gestaltung der Geschichte einfordern. Seien Sie nicht alleinige Schöpfer von Märchen, sondern nehmen Sie die Kinder ruhig ein wenig in die Verantwortung für den Verlauf der Handlung. Keine Angst, die können das schon längst.

Die Kinder können jetzt noch nicht schreiben, Worte und Bilder sind noch sehr eng miteinander verknüpft. Kreative Aufgaben wie das Malen bekannter Motive (*selbstgestaltetes Märchenbuch*) geben ihnen die Möglichkeit, ihren Fähigkeiten entsprechend aktiv zu werden.

Die ständige Wiederholung der einmal ausgedachten Geschichte wird Ihnen nicht erspart bleiben. In dieser Phase der kindlichen Entwicklung, in der der regelmäßige Ablauf von Ereignissen erkannt und bewußt erlernt wird, haben Wiederholungen eine wichtige Übungsfunktion und stärken das seelische Gleichgewicht. Außerdem helfen formelhaft wiederholte Worte und Inhalte den Kindern dabei, der Handlung zu folgen, sie quasi wiederzuentdecken und so immer mehr zu begreifen.

Kleine Abenteurer – 4 bis 5 Jahre

Sicherheit und Wiedererkennen sind nicht mehr gefragt, jetzt reizen Veränderung und Abenteuer. Die *veränderte Rahmengeschichte* und die *Wechselgeschichte* gewinnen an Bedeutung, besonders wenn die Kinder daran mitarbeiten können. Motive aus Literatur, Fernsehen und Märchen werden bunt gemischt und ergeben einen herrlichen „Geschichtensalat", wie ihn nur Kinder sich ausdenken können. Keine Scheu – machen Sie ruhig mit. Je mehr Ideen die Kinder liefern, umso bunter werden Ihre Erzählungen.

Ich komme in die Schule – ab 6 Jahren

Die verbalen Anforderungen dieser Zeit sind schon ziemlich hoch: Die Kinder verfügen bereits über einen beachtlichen Wortschatz und wissen meistens ganz gut, damit umzugehen.

Das im aktiven Gebrauch von Sprache geübte Kind kann jetzt durchaus schon mit strukturellen Aufgaben betraut werden: Lieblingsstellen oder Wendepunkte benennen, wichtige Elemente der Geschichte in ihr Gegenteil verwandeln, Zusammenhänge zwischen neu geordneten Bausteinen einer Geschichte zu einem neuen Ganzen verknüpfen. *Geschichten einmal anders herum* zu erzählen, mit ihnen *Puzzle* zu spielen oder als *Patchworkstory* gänzlich neu zusammenzubauen – all das sind Aufgaben, die spielerisch das trainieren, was auch die Schule fordert. Und es macht in dieser Form natürlich viel Spaß!

Geschichten für besondere Situationen

Natürlich bleibt es bei so viel prallem und buntem Leben nicht aus, dass die Kinder manchen Aufgaben und Forderungen so gar nichts abgewinnen können.

Kai möchte unbedingt rutschen, hat aber Angst davor. Vielleicht hilft ihm ja die Geschichte vom kleinen Vögelchen weiter, das sich nicht traut, zu fliegen, und zeigt ihm einen Weg, seine Angst zu überwinden.

Sandra will ihre Zähne nicht putzen. Vielleicht sieht sie das ja anders, wenn sie die Geschichte von den Zuckerleuten erfährt, die am liebsten Zahnschmelz knabbern.

Axel hat Heimweh. Vielleicht hilft es ihm ja, zu erfahren, dass die Heimwehteufelchen in jedem Ferienlager eine eigene Olympiade haben. Wer die meisten Kindertränen gesammelt hat, gewinnt.

Und Tina heult, weil sie den ersten wackeligen Zahn hat. Vielleicht weiß sie ja nicht, dass die Zahnfee den Kindern ein kleines Geschenk auf das Fensterbrett legt, wenn diese ihren ersten Zahn über Nacht dort liegen lassen ...

So oder völlig anders können die Geschichten aussehen, mit denen Sie tagtäglich den kleineren und größeren Sorgen der Kinder begegnen. Warum sollten wir ihnen bei diesen und anderen Entwicklungsanforderungen keine Hilfestellung geben? *Situationsbezogene Geschichten* bieten sich andauernd an, wenn man nur die Gelegenheit ergreift.

Und wenn es einmal ganz viele Kinder sind?

Grundsätzlich sind alle Kinder, die ich kenne, begeistert von neuen Geschichten. Natürlich gibt es Unterschiede in ihrer Fähigkeit, aktiv mit Worten und Bildern umzugehen und sicherlich auch darin, wie gut und lange sie sich konzentrieren können.

Für unerfahrene Erzähler und Kinder eignet sich am besten der „Salat" aus bekannten Motiven (*Patchworkgeschichten*). Märchen können ziemlich viele Stichworte liefern, sind jedoch leider für viele Jungen uninteressant. Aber wenn Sie dafür sorgen, dass jedes Kind sich und seine Vorschläge in der Geschichte wiederfindet, werden alle zufrieden sein.

Was mache ich, wenn die Kinder nicht mitarbeiten?

Geschichten erfinden mit Kindern – ja, schon, aber was tun, wenn die Gruppe unruhig ist, dauernd Quatsch macht und aus dem Ruder läuft? Wie soll man reagieren, wenn das eigene Kind plötzlich keine Lust mehr hat, die begonnene Arbeit zu beenden? Wohin mit der angefangenen Geschichte?

Der Umgang mit Unruhe ist abhängig davon, woher diese Störungen kommen. Wichtig ist immer, dass die Kinder die Situation mit dem Gefühl beenden, etwas Neues, etwas ganz Besonderes geleistet zu haben. Dann bleibt die Chance auf eine Wiederholung erhalten.

Mein Tipp: Grundsätzlich gilt in solchen Situationen: Störungen haben Vorrang!

Sie können die aufkommende Unruhe zum Beispiel in die Geschichte einbauen: „Plötzlich aber kam ein wilder Sturm und wirbelte alle Seeleute durcheinander ..." So können die Kinder sich ordentlich austoben, die Plätze tauschen, einmal um den Sitzkreis rennen oder eine kurze Theater- oder Tanzeinlage aufführen. Anschließend werden sie vielleicht der Geschichte wieder aufmerksamer folgen.

Oder aber Sie lassen die Kinder laut werden, um sie dann langsam wieder zur Ruhe zu führen: „Da kam der König der Tiere und brüllte ganz laut ..., lauter ..., noch lauter ..., bis schließlich alle anderen Tiere mucksmäuschen- still auf seine Worte warteten ..."

Lassen die Störungen sich mit keinem Mittel beseitigen, dann haben die Kinder vielleicht gerade ganz andere Bedürfnisse. Versuchen Sie, darauf einzugehen, auch wenn das eventuell ihre momentanen Pläne ändert.

Wenn einzelne Kinder nicht zu Wort gekommen oder ihre Ideen untergegangen sind, sollten Sie sie schnellstens wieder integrieren – vielleicht haben ja gerade sie den entscheidenden Vorschlag, wie das Einhorn den Drachen besiegen kann!

Man sollte nicht vergessen, dass Kinder ab und zu eine Pause brauchen. Diese kann zwar manchmal einen kreativen Prozess beenden, weckt aber auch neue Kräfte. Oder Sie helfen bei einem Motivationstief der Geschichte wieder auf die Sprünge, vielleicht mit einer geschickten Wendung, die Spannung bringt, vielleicht mit einer neuen Figur …

Manchmal ist auch die Handlung selbst zu schwer verständlich, so dass – besonders wenn ältere und jüngere Kinder gemeinsam an einer Geschichte arbeiten – nicht alle dem Handlungsverlauf folgen können. Passen Sie diesen immer wieder an das schwächste Glied der Kette an, das betroffene Kind wird Ihnen dabei helfen.

Was machen, wenn die eher praktisch veranlagten Kinder keine Lust mehr haben und anfangen, herumzublödeln?

Vielleicht brauchen sie einen Kick: Warum nicht den jetzigen Stand der Handlung einfrieren und auf anderen Wegen als mit Worten erzählen? Papier und Farben, Leim und Dosen, Schminke und alte Kleider, ja sogar Stöcke, Gras und Steine eignen sich wunderbar dazu, sich auf praktischer Ebene auszutoben. Das schafft Raum, sich mit der Geschichte und ihren Personen zu identifizieren und sich Gedanken über die Fortsetzung zu machen.

Was soll man mit den angefangenen Geschichten machen, wenn die Kinder mittendrin keine Motivation mehr haben und kein Mittel mehr etwas nützt? Natürlich ist es nicht besonders pädagogisch, einmal begonnene Aufgaben nicht zu lösen und zu Ende zu bringen. Deshalb können Sie daraus auch neue Aufgaben schaffen: Können die Kinder sich nicht zu Hause ihr ganz persönliches Ende ausdenken und sich untereinander erzählen? Das ergibt vielleicht ganz viele Geschichten, die alle zusammen wiederum ein kleines Buch füllen ...

Ausklang

Wie Sie festgestellt haben, ist Geschichtenerzählen eine Kunst, die jeder lernen kann. Sie
fördert das Miteinander, die Freude am Zu-
sammensein sowie die sprachliche Entwicklung.
Mit ein wenig Übung werden alle Beteiligten bald ein
Gespür für die vielfältigsten Motive bekommen, die der
Alltag zu bieten hat.

Trauen Sie sich ruhig und probieren Sie den einen oder
anderen Vorschlag einfach einmal aus. Was eine „gute"
und gelungene Geschichte ist, hängt nur davon ab, was
Sie und Ihre Kinder gerade brauchen und hineingeben.

Nur Mut! Ihre Kinder werden Ihnen begeistert folgen.

4 Literatur

Bauer, A. (2002): Heilende Märchen – Geschichten, die Kinder stark machen. Südwest, München

Bettelheim, B. (1980): Kinder brauchen Märchen. dtv, München

Brockert, S., Schreiber, G. (1997): Heilende Märchen für Kinder und Eltern. Südwest, München

Clark, L., Ireland, C. (1995): Sprechen lernen – lernen durch Sprechen. Beust, München

Diergarten, A. (1996): Komm, ich erzähl dir was – Märchenwelt und kindliche Entwicklung. Kösel, München

Ferrari, R. (1998): Wörter haben bunte Flügel. Christophorus, Freiburg

Funke, J., Vaterrodt-Plünnecke, B. (1998): Was ist Intelligenz? Beck, München

Gardner, H. (2000): Kreative Intelligenz – Was wir mit Mozart, Freud, Woolf und Gandhi gemeinsam haben. Campus, Frankfurt

Kaminski, W., Gigas, B. (1998): Erzähl doch mal – Geschichten erfinden mit Kindern. Grünewald, Mainz

Lang, T. (1995): Kinder brauchen Abenteuer. Ernst Reinhardt, München / Basel

Meister-Vitale, B. (2000): Lernen kann phantastisch sein. Gabal, Offenbach

Schaufelberger, H. (1999): Märchenkunde für Erzieher – Grundwissen für den Umgang mit Märchen. Herder, Freiburg / Basel / Wien

Schieder, B. (1998): Erzähl mir doch ein Märchen. Don Bosco, München

van den Speulhof, B., Lehmann, F. (2000): Heilende Worte – Kinder wachsen mit Worten. Beust, München

Zitzlsperger, H. (1994): Kinder spielen Märchen. Beltz, Weinheim

Bild- und Textnachweis

Titelfoto: Sylvia Görnert-Stuckmann, Lauterbach

Zeichnungen im Innenteil:
Rapunzel im Garten der bösen Hexe; Rapunzel lässt ihr Haar herunter; Rapunzel in der Wüste; Schneewittchen und die böse Königin; Schneewittchen und die sieben Zwerge (Alexandra)
Der Angsthase; Die schönste aller Prinzessinnen (Jenny)
Das Gallierschiff (Leonie)

Die Ideen zu den folgenden Geschichten sind 1999 im Rahmen der „Schmökerwoche" in der Veranstaltung „Vorlesen, Geschichten erfinden, erzählen" entstanden, einer vom JUKS (Jugend- und Kinderbüro Schramberg) organisierten Veranstaltungsreihe für Kinder von 6 bis 12 Jahren: „Tabaluga und die drei goldenen Haare", „Pipi und Bibi retten das Schloss", „Lieschen und die Taubenreise", „Der König und die Gallier", „Der Diddlstamm", „Die Geschichte von Rotkäppchen und den drei Sissis".

Sylvia Zwettler-Otte (Hrsg.)
Kinderbuch-Klassiker psychoanalytisch

Von Robinson bis
Hotzenplotz

1994. 134 Seiten
(3-497-01337-4) gb

Was haben Max und Moritz mit Sigmund Freud
zu tun? Tom Sawyer, Alice im Wunderland und
die Helden von Karl May?

Auf den Spuren klassischer Kinderbuchhelden
untersuchen die Autoren dieses aufschlussrei-
chen Buches die tiefenpsychologischen Strukturen und Funktionen in den bekannten Kinder-
und Jugendbüchern. Es stellt sich heraus, dass die
kindliche Hauptfigur nicht nur bewusstseinsnah
kämpft zwischen Streben nach lustvoller Befrie-
digung und den Verzicht-Forderungen der Erwachsenen; eine große Rolle spielen vor allem
auch die unbewussten, latenten Wunscherfüllun-
gen. Diese liegen dem schöpferischen Prozess
des Schriftstellers zugrunde und wiederholen
sich im Nachvollziehen der Ereignisse beim Leser.
Angst und Aggression, Liebe und Tod durchzie-
hen diese Kinderbücher. Die geheime Erfüllung
unbewusster Wünsche kann auch Angst und Ab-
wehr wecken, wie sie oft in verwässerten Bear-
beitungen erfolgreicher Originale ihren Nieder-
schlag findet. Auch der wirkungsästhetische und
wirkungspsychologische Aspekt wird von psycho-
analytischer Seite untersucht.

ΞV reinhardt

Ernst Reinhardt Verlag · München Basel
E-Mail: info@reinhardt-verlag.de
http://www.reinhardt-verlag.de

Die Buchreihe
„Kinder sind Kinder"

Die bewährte Ratgeber-Reihe „Kinder sind Kinder" gibt fundierte Antworten auf die verschiedensten pädagogischen Fragen und bietet prakti-
sche Hilfestellung und nützliche Tipps bei der
Bewältigung von Schwierigkeiten in den verschiedenen Entwicklungsstufen vom Baby bis zur
Pubertät.

Sylvia Weber   Band 23
Linkshändige Kinder richtig fördern

Die Autorin beschreibt wichtige Grundlagen zum   Mit vielen praktischen
Verständnis der Händigkeit und gibt hilfreiche   Tipps
Tipps, wie Eltern und Pädagogen die natürliche
Bevorzugung der linken Hand sinnvoll unterstüt-   2003. ca. 120 Seiten
zen können. Mit zahlreichen Abbildungen und   Zahlr. Abb.
Zeichnungen ist dieses Buch ein wertvoller Be-   (3-497-01646-2) kt
gleiter für Familien und alle, die im Alltag mit
linkshändigen Kindern zu tun haben.

Johann R. Krauss   Band 24
Der Abenteuerspielplatz

Johann R. Krauss schöpft aus seiner jahrelangen   Planung, Gründung
Erfahrung auf dem Abenteuerspielplatz und be-   und pädagogische
antwortet zentrale Fragen, die sich Menschen bei   Arbeit
der Planung eines Abenteuerspielplatzes unwei-
gerlich stellen. Entstanden ist ein informatives   2003. ca. 150 Seiten
Buch, das in die Tasche eines jeden Erlebnispäda-   Zahlr. Fotos und Tab.
gogen gehört.   (3-497-01652-7) kt

Ernst Reinhardt Verlag • München Basel
E-Mail: info@reinhardt-verlag.de
http://www.reinhardt-verlag.de

ℝ✓ reinhardt

Ernst Reinhardt Verlag • München Basel
E-Mail: info@reinhardt-verlag.de
http://www.reinhardt-verlag.de

ℰℛ/ **reinhardt**

Hermann Liebenow   Band 19
Taschengeld & Co

Hermann Liebenow beschreibt beeindruckend
konkret, wie sich das Verständnis für Geld vom
Kindesalter bis ins frühe Erwachsenenalter hinein
entwickelt. Er schildert, welche Gelderfahrungen
zu welchem Entwicklungsalter passen und wie-
viel Taschengeld für welches Alter angemessen
ist. Weiterführende Internet-Adressen runden
diesen informativen Elternratgeber ab.

So lernt Ihr Kind sparen
und ausgeben

Mit Zeichnungen von
Manfred Bofinger

2002
140 Seiten. 5 Tab.
(3-497-01609-8) kt

Karl E. Dambach   Band 15
Mobbing in der Schulklasse

Kinder hänseln MitschülerInnen, weil sie anders
aussehen oder unsportlich sind. Sie grenzen
andere wegen schlechter oder auch wegen he-
rausragender schulischer Leistungen aus. Sie
stempeln andere für belanglose Ereignisse zum
Außenseiter. Das war schon immer so. Und dass
viele Kinder besser „austeilen" als einstecken
können, wissen Eltern und Lehrer nur zu gut.
Karl E. Dambach zeigt die typischen Verhaltens-
muster, die bereits in der Schule gelernt und
geübt werden. Er gibt konkrete Hinweise, wie
Lehrer und Eltern den gemobbten SchülerInnen
helfen können und bietet Hilfen, wie das Sozial-
verhalten in der Schule verbessert werden kann.

2., überarb. und
erw. Aufl. 2002
115 Seiten
(3-497-01588-1) kt

Ernst Reinhardt Verlag • München Basel
E-Mail: info@reinhardt-verlag.de
http://www.reinhardt-verlag.de

ℝⱽ reinhardt

Ernst Reinhardt Verlag • München Basel
E-Mail: info@reinhardt-verlag.de
http://www.reinhardt-verlag.de

ℝ reinhardt